CW00402642

小説

ミラーさんII

―みんなの日本語初級シリーズ―

横山悠太
YOKOYAMA Yuta

スリーエーネットワーク

©2019 by Yokoyama Yuta

All rights reserved. No part of this publication may be reproduced, stored in a retrieval system, or transmitted in any form or by any means, electronic, mechanical, photocopying, recording, or otherwise, without the prior written permission of the Publisher.

Published by 3A Corporation.
Trusty Kojimachi Bldg., 2F, 4, Kojimachi 3-Chome, Chiyoda-ku, Tokyo 102-0083, Japan

ISBN978-4-88319-803-0 C0081

First published 2019
Printed in Japan

まえがき

これは日本語《にほんご》の教科書《きょうかしょ》『みんなの日本語《にほんご》』（スリーエーネットワーク）の登場人物《とうじょうじんぶつ》の一人《ひとり》、マイク・ミラーさんが主人公《しゅじんこう》の小説《しょうせつ》です。既刊《きかん》『小説《しょうせつ》ミラーさん』の続編《ぞくへん》でもあります。この小説《しょうせつ》で使《つか》われている文法《ぶんぽう》は、だいたい初中級《しょちゅうきゅう》（日本語能力試験《にほんごのうりょくしけん》N３相当《そうとう》）のレベルです。

（＊が付《つ》いている語《ご》については、スリーエーネットワークのウェブサイトに翻訳《ほんやく》を載《の》せています。）

登場人物《とうじょうじんぶつ》

鈴木《すずき》　康男《やすお》

日本《にほん》

IMCの社員《しゃいん》

マイク・ミラー

アメリカ

IMCの社員《しゃいん》

中村《なかむら》　秋子《あきこ》

日本《にほん》

IMCの営業課長《えいぎょうかちょう》

カール・シュミット

ドイツ

パワー電気《でんき》のエンジニア

林《はやし》　真紀子《まきこ》

日本《にほん》

パワー電気《でんき》の社員《しゃいん》

渡辺《わたなべ》　あけみ

日本《にほん》

パワー電気《でんき》の社員《しゃいん》

ハンス・シュミット

ドイツ

小学生《しょうがくせい》　12歳《さい》、

カール・シュミットの息子《むすこ》

小川《おがわ》　よね

日本《にほん》

小川幸子《おがわさちこ》の夫《おっと》の母《はは》

小川《おがわ》　幸子《さちこ》

日本《にほん》

会社員《かいしゃいん》

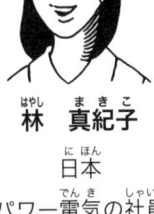

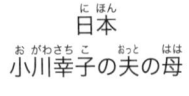

佐藤《さとう》　けい子《こ》

日本《にほん》

IMCの社員《しゃいん》

山田《やまだ》　一郎《いちろう》

日本《にほん》

IMCの社員《しゃいん》

イー・ジンジュ

韓国《かんこく》

AKCの研究者《けんきゅうしゃ》

タワポン

タイ

さくら大学《だいがく》の学生《がくせい》

カリナ

インドネシア

富士《ふじ》大学《だいがく》の学生《がくせい》

木村《きむら》　いずみ

日本《にほん》

アナウンサー

ジョン・ワット

イギリス

さくら大学《だいがく》の英語《えいご》の教師《きょうし》

一　新《あたら》しい部屋《へや》

東京駅《とうきょうえき》に着《つ》いたのは、昼《ひる》の十二時《じゅうにじ》だった。僕《ぼく》は新幹線《しんかんせん》を降《お》りて、スーツケースを引《ひ》きながら、出口《でぐち》へ向《む》かった。それから、ホテルの場所《ばしょ》を確認《かくにん》した。スマホはホテルまでの道《みち》を、わかりやすく教《おし》えてくれる。これはＩＭＣが他社《たしゃ》と協力《きょうりょく》して開《かい》発《はっ》したものだ。

ホテルはもう予約《よやく》してある。安《やす》いビジネスホテルで、ここから歩《ある》いて十分《じゅっぷん》ほどの所《ところ》にあるはずだ。

スマホのおかげで、ホテルはすぐに見《み》つけられた。フロントでキーをもらってから、自分《じぶん》の部屋《へや》へ向《む》かった。部屋《へや》に入《はい》ると、僕《ぼく》はすぐベッドに横《よこ》になった*。

また新《あたら》しい生活《せいかつ》が始《はじ》まる。

大阪《おおさか》を離《はな》れるのは少《すこ》し寂《さび》しかった。でも今《いま》はそれ以上《いじょう》に、これからの生活《せいかつ》が楽《たの》しみだ。

僕《ぼく》は横《よこ》になったまま、部屋《へや》の中《なか》を見回《みまわ》した。狭《せま》いけど、値段《ねだん》のわりにきれいだし、必要《ひつよう》な物《もの》も全部《ぜんぶ》そろっている。新《あたら》しい部屋《へや》が決《き》まるまで、しばらくここに泊《と》まるつもりだ。

僕《ぼく》のおなかが、ぐうと鳴《な》った。まだ昼《ひる》ごはんを食《た》べていない。疲《つか》れたから、ちょっと寝《ね》ようと思《おも》っていたんだけど……。そういえば、

＊横《よこ》になる

さっきそば屋《や》があったなあ。そこで食《た》べることにしよう。

僕《ぼく》は財布《さいふ》とホテルのキーを持《も》って、すぐ部屋《へや》を出《で》た。

*

次《つぎ》の日《ひ》、僕《ぼく》は不動産屋《ふどうさんや》へ行《い》った。

僕《ぼく》の希望《きぼう》は、会社《かいしゃ》から三十分《さんじゅっぷん》以内《いない》で、駅《えき》から近《ちか》くて、静《しず》かで、南《みなみ》向《む》きの部屋《へや》だ。

「そんなにいい部屋《へや》は、なかなかありませんね」

と不動産屋《ふどうさんや》の人《ひと》は言《い》った。髪《かみ》が短《みじか》くて、よく日《ひ》に焼《や》けた中年《ちゅうねん》の男《だん》性《せい》だ。

通勤《つうきん》にはあまり時間《じかん》をかけたくないから、できれば会社《かいしゃ》から近《ちか》い所《ところ》に住《す》みたい。でも、会社《かいしゃ》の近《ちか》くはけっこう家賃《やちん》が高《たか》い。

そこで僕《ぼく》は、

「会社《かいしゃ》から一時間《いちじかん》以内《いない》の地域《ちいき》でもかまいません」

と言《い》った。

「わかりました。それでも難《むずか》しいかもしれませんが、できるだけお客様《きゃくさま》のご希望《きぼう》に近《ちか》い部屋《へや》を探《さが》してみます」

「よろしくお願《ねが》いします」

それから彼《かれ》は、五分《ごふん》ほど黙《だま》ってパソコンに向《む》かっていた。社員《しゃいん》はほかに三人《さんにん》いた。みんな休《やす》む暇《ひま》もないほど忙《いそが》しそうだった。

「お待《ま》たせしました。いくつかご案内《あんない》できますが、きょうはお時間《じかん》大丈夫《だいじょうぶ》でしょうか」

「ええ」

僕《ぼく》がそう答《こた》えると、彼《かれ》は僕《ぼく》を少《すこ》し離《はな》れた駐車場《ちゅうしゃじょう》まで案内《あんない》した。それから、会社名《かいしゃめい》が書《か》かれた白《しろ》い車《くるま》に僕《ぼく》を乗《の》せた。

小《ちい》さい車《くるま》だけど、中《なか》に入《はい》ると思《おも》ったより広《ひろ》く感《かん》じた。日本《にほん》の車《くるま》はこんな車《くるま》が多《おお》いと思《おも》う。

車《くるま》のスピーカーからは、ラジオが聞《き》こえてくる。どうやら交通情報《こうつうじょうほう》を伝《つた》えているようだ。知《し》らないことばが多《おお》くて、何《なに》を言《い》っているのかわからなかった。それが終《お》わると、知《し》っている曲《きょく》が流《なが》れてきた。ビートルズの「Here Comes The Sun」だ。

なんだか、胸《むね》にしみる。* 今《いま》の気分《きぶん》にぴったりだ。

＊胸《むね》にしみる

不動産屋《ふどうさんや》の人《ひと》は、いろいろな部屋《へや》へ連《つ》れて行《い》ってくれた。でも、なかなかいい部屋《へや》がない。

「次《つぎ》は、このアパートの三階《さんがい》です」

彼《かれ》はそう言《い》って、車《くるま》のドアを開《あ》けてくれた。これで五軒目《ごけんめ》だ。でも、彼《かれ》は全然嫌《ぜんぜんいや》な顔《かお》をしない。

三階《さんがい》のいちばん奥《おく》の部屋《へや》だった。

「ここは南向《みなみむ》きでもないし、駅《えき》からそんなに近《ちか》くもないんですが、静《しず》かで、部屋《へや》もきれいです」

「さっきの部屋《へや》に比《くら》べると、だいぶ広《ひろ》く感《かん》じますね」

「ええ。広《ひろ》さはあまり変《か》わらないんですが、天井《てんじょう》が高《たか》いんです。それに、タンスや押入《おしい》れもあるので、たっぷり物《もの》がしまえますよ」

「それはいいですね。ベランダに出《で》てもいいですか」

「ええ、どうぞ」

僕《ぼく》はベランダに出《で》て、外《そと》の景色《けしき》を見《み》た。そこからは、緑《みどり》が多《おお》くて、きれいな公園《こうえん》が見《み》えた。

「すてきな公園《こうえん》ですね」

「はい。オアシス公園《こうえん》といって、この地域《ちいき》の住民《じゅうみん》に愛《あい》されている公《こう》園《えん》です。この部屋《へや》はキッチンも広《ひろ》いですよ。できればキッチンは広《ひろ》いほうがいい、とおっしゃっていましたので」

「このキッチンは使《つか》いやすそうですね。それはオーブンですか」

「ええ。最新式《さいしんしき》のオーブンです。ローストチキンなども、簡単《かんたん》においしく作《つく》れます」

今《いま》まで見《み》た部屋《へや》の中《なか》で、いちばんいいかもしれない。家賃《やちん》もそんなに高《たか》くないし……。

「そして、こちらの奥《おく》の部屋《へや》は……」

不動産屋《ふどうさんや》の人《ひと》はそう言《い》いながら、戸《と》をゆっくり横《よこ》へ引《ひ》いた。

「あっ、和室《わしつ》なんですね」

「はい。どうでしょうか。外国《がいこく》の方《かた》の中《なか》には、和室《わしつ》を好《この》まない方《かた》もいらっしゃいますが……」

「いいえ、いいです。とてもいいです。気《き》に入《い》りました。ここに決《き》めます」

「あ、そうですか。ありがとうございます」

不動産屋《ふどうさんや》の人《ひと》はそう言《い》って、白《しろ》い歯《は》を見《み》せた。*

*白《しろ》い歯《は》を見《み》せる

＊

次《つぎ》の日《ひ》、僕《ぼく》はホテルを出《で》て、その部屋《へや》での生活《せいかつ》を始《はじ》めた。

キッチンが広《ひろ》いのはうれしい。今《いま》まで作《つく》ったことがない料理《りょうり》にもチャレンジしてみよう。休日《きゅうじつ》が楽《たの》しみだ。

和室《わしつ》は寝室《しんしつ》として使《つか》うことにした。ベッドは置《お》かないで、畳《たたみ》の上《うえ》に布団《ふとん》を敷《し》いて寝《ね》ようと思《おも》う。京都《きょうと》の旅館《りょかん》に泊《と》まったときは、そうやって寝《ね》たのを覚《おぼ》えている。

アパートの近《ちか》くには、大《おお》きなスーパーもある。商品《しょうひん》の種類《しゅるい》も多《おお》いし、肉《にく》や魚《さかな》も新鮮《しんせん》なので、これからよく通《かよ》うことになりそうだ。

朝起《あさお》きると、僕《ぼく》は毎日《まいにち》のようにベランダから公園《こうえん》を見下《みお》ろす。ベンチに座《すわ》って本《ほん》を読《よ》んでいる人《ひと》や、犬《いぬ》の散歩《さんぽ》をしている人《ひと》や、楽《たの》しそうに遊《あそ》んでいる子《こ》どもたちが見《み》える。公園《こうえん》の真《ま》ん中《なか》には、大《おお》きな池《いけ》がある。その周《まわ》りには、木《き》がたくさん植《う》えられている。隣人《りんじん》の小川《おがわ》さんの話《はなし》では、桜《さくら》の木《き》もあるそうだ。来年《らいねん》の春《はる》が今《いま》から待《ま》ち遠《どお》しい。

僕《ぼく》はこの部屋《へや》がとても気《き》に入《い》った。

新《あたら》しい部屋《へや》は、東京《とうきょう》は、僕《ぼく》を優《やさ》しく迎《むか》えてくれた。

これから、よろしくね。

二　かっぱ橋《ばし》

「ミラーさん、お疲《つか》れさまです」

「あ、鈴木《すずき》さん」

「駅《えき》までいっしょに帰《かえ》りましょう」

鈴木《すずき》さんはＩＭＣロボット開発《かいはつ》チームの仲間《なかま》で、僕《ぼく》とは同《おな》い年《どし》だ。

「引《ひ》っ越《こ》しの荷物《にもつ》はもう片《かた》づきましたか」

「はい。ぜひ今度《こんど》、遊《あそ》びに来《き》てください」

「いいんですか」

「もちろんです。わたしが料理《りょうり》を作《つく》ります」

「それは楽《たの》しみですね。どんな料理《りょうり》を作《つく》るんですか」

「何《なん》でも作《つく》りますよ。いろいろな料理《りょうり》を作《つく》ってみるのが好《す》きなんです。この前《まえ》はてんぷらにチャレンジしました」

「へえ、てんぷらですか。難《むずか》しいでしょう？」

「ええ。大阪《おおさか》でよく食《た》べに行《い》っていたお店《みせ》があるんですが、そのお店《みせ》のてんぷらの味《あじ》が忘《わす》れられなくて……」

それは「つるや」という店《みせ》だ。大阪《おおさか》へ出張《しゅっちょう》する機会《きかい》があれば、そのときは必《かなら》ず「つるや」へ行《い》こうと思《おも》っている。

「上手《じょうず》にできましたか」

「いいえ。そのお店《みせ》のてんぷらみたいには、おいしくできませんでした。本《ほん》に書《か》いてあるとおりに作《つく》ったんですが、やはりわたしが持《も》っている小《ちい》さい鍋《なべ》では……」

「そうですか。わたしは料理《りょうり》をしないので、道具《どうぐ》のことはよくわかりませんが……。あ、ミラーさん。こっちの道《みち》のほうが近《ちか》いですよ」

「ああ、そうでしたか。それは知《し》りませんでした」

この辺《へん》の道《みち》は、ちょっと複雑《ふくざつ》でわかりにくい。

「まだ来《き》たばかりですからね。でも、すぐ慣《な》れますよ」

「そうですね。大阪《おおさか》でも最初《さいしょ》はいろいろ大変《たいへん》でしたが、すぐ慣《な》れたのを覚《おぼ》えています」

「東京《とうきょう》へ来《き》てから、どこかへ遊《あそ》びに行《い》きましたか」

「まだどこへも行《い》っていません。会社《かいしゃ》と家《いえ》を行《い》ったり来《き》たりしているだけです。どこか、おすすめの場所《ばしょ》はありますか」

「うーん。ミラーさんが行《い》きたいと思《おも》うような所《ところ》は……。あっ、そうだ。ミラーさんにちょうどいい所《ところ》がありますよ」

僕《ぼく》にちょうどいい所《ところ》？

「どこですか」

「よかったら、案内《あんない》しましょうか」

「ほんとうですか。ぜひお願《ねが》いします」

「ミラーさんなら、きっと楽《たの》しめると思《おも》いますよ」

*

僕《ぼく》たちは駅《えき》で待《ま》ち合《あ》わせる約束《やくそく》をしていた。

「ミラーさん、お待《ま》たせしました」

鈴木《すずき》さんは約束《やくそく》の時間《じかん》どおりに現《あらわ》れたのに、そう言《い》った。

「あちらへ向《む》かいます」

僕《ぼく》は鈴木《すずき》さんと横《よこ》に並《なら》んで歩《ある》いた。

「かっこいいスニーカーですね」

鈴木《すずき》さんはアキックスのスニーカーをはいていた。見《み》たことがないデザインだ。

「これは先月《せんげつ》、渋谷《しぶや》で買《か》いました。世界《せかい》で二百足《にひゃくそく》しか売《う》られていないデザインなんですよ」

「へえ。高《たか》かったでしょう？」

「ええ、ちょっとね。でも、わたしはかっこいい靴《くつ》を見《み》ると、高《たか》くてもつい買《か》ってしまうんです」

「スニーカーは何足《なんそく》ぐらい持《も》っているんですか」

「数《かぞ》えたことはないんですが、たぶん三十足以上《さんじゅっそくいじょう》あると思《おも》います」

「おお、それは多《おお》いですね。……ところで、目的地《もくてきち》まではどのくらい歩《ある》きますか」

「もうすぐですよ」

あまり観光地《かんこうち》らしくない所《ところ》だけど……。

「おや、あれは？」

ビルの上《うえ》に、大《おお》きなコックの顔《かお》の像《ぞう》が見《み》えた。

「もしかして、ここはディズニーランドのような所《ところ》ですか」

「ははは っ。いいえ、違《ちが》いますよ。この道《みち》を少《すこ》し歩《ある》いたら、きっとここがどんな所《ところ》かわかるはずです」

僕《ぼく》は言《い》われたとおり、角《かど》を曲《ま》がって、その道《みち》を歩《ある》いた。

その道《みち》には、のれんや提灯《ちょうちん》がいっぱい掛《か》けてあったり、食品《しょくひん》のサンプル*が並《なら》べてあったりした。

「おいしそうですね。わかりましたよ。ここはレストラン街《がい》ですね」

鈴木《すずき》さんはにやにや笑《わら》って*、首《くび》を横《よこ》に振《ふ》った*。

「このスパゲッティーの値《ね》段《だん》を見《み》てみてください」

僕《ぼく》はそのスパゲッティーの値《ね》段《だん》を確認《かくにん》した。

「えっ、五千円《ごせんえん》？　なんでこんなに高《たか》いんですか」

そんなに高《たか》くなさそうな店《みせ》だけど……。

*食品《しょくひん》のサンプル
*にやにや笑《わら》う
*首《くび》を横《よこ》に振《ふ》る

「スパゲッティーだけじゃありませんよ。このオムライスも、その隣《となり》のチャーハンも同《おな》じぐらいします。ミラーさん、ちょっとこのお店《みせ》に入《はい》ってみましょうか」

「いや、ちょっと高《たか》すぎますよ」

「大丈夫《だいじょうぶ》です」

僕《ぼく》はしかたなく、鈴木《すずき》さんに続《つづ》いて、その店《みせ》に入《はい》った。

すると、店《みせ》の中《なか》にもたくさんのサンプルが並《なら》んでいた。食《た》べたり飲《の》んだりしている人《ひと》は、どこにもいなかった。

「ああ、ここはもしかして、サンプルを売《う》っているお店《みせ》ですか」

「そうなんです」

「なるほど、そういうことでしたか……」

改《あらた》めてよく見《み》ると、一《ひと》つ一《ひと》つがとても丁寧《ていねい》に作《つく》られていることに気《き》づいて、驚《おどろ》いた。

「この焼《や》き魚《ざかな》とか、すごいですね。どう見《み》ても本物《ほんもの》にしか見《み》えませんよ」

「ほんとうですね。このピザもおいしそうですよ」

「これはもう、芸術作品《げいじゅつさくひん》ですね」

「そうですね。ミラーさん、ほかにもいろいろなお店《みせ》がありますから、ここはもう出《で》ましょうか」

「あ、はい」

隣《となり》の店《みせ》には、お皿《さら》やお茶碗《ちゃわん》がずらりと並《なら》んでいた。* その隣《となり》の店《みせ》は看板《かんばん》ばかり。どうもこの通《とお》りは、料理店《りょうりてん》の人《ひと》が来《く》る所《ところ》のようだ。

*ずらりと並《なら》ぶ

「この先《さき》には、鍋《なべ》の専門店《せんもんてん》もありますよ」

「そうですか。ぜひ行《い》きたいです」

鍋《なべ》の専門店《せんもんてん》は二階建《にかいだ》てで、いろいろな鍋《なべ》がたくさん売《う》られていた。

「ミラーさん、ほしい物《もの》があるんでしょう？」

「えっ。……ああ、そうでした」

そうか、鈴木《すずき》さんが僕《ぼく》をここへ案内《あんない》してくれたのは、そういうことだったのか。この辺《あた》りは、かっぱ橋道具街《ばしどうぐがい》というらしい。

それから僕《ぼく》は、てんぷらを作《つく》るのにいい鍋《なべ》を買《か》った。新品《しんぴん》だけど、半額《はんがく》で買《か》うことができた。鍋以外《なべいがい》にも、コーヒー用品《ようひん》や包丁《ほうちょう》など、両《りょう》手《て》で持《も》てないぐらい買《か》い物《もの》をしてしまった。

「ところで、さっきからよく目《め》にする緑《みどり》の動物《どうぶつ》は何《なん》ですか。あ、またいました。あれです」

それはイラストだったり、人形《にんぎょう》だったりした。

「何《なん》だと思《おも》いますか」

「あひるでしょうか」

鈴木《すずき》さんは首《くび》を振《ふ》った。僕《ぼく》はミドリガメとか、カメレオンとか、いくつか緑色《みどりいろ》の動物《どうぶつ》を思《おも》い出《だ》してみたけど、どれもこの動物《どうぶつ》とは似《に》ていなかった。

「たぶんミラーさんは知《し》らないと思《おも》います。あれは『かっぱ』といいます」

「かっぱ？」

「ええ。実《じつ》はあれは、川《かわ》に住《す》む伝説上《でんせつじょう》の生《い》き物《もの》です。頭《あたま》の上《うえ》にはお皿《さら》があって、その中《なか》の水《みず》が乾《かわ》くと、死《し》んでしまいます」

「ははは。それはユニークですね。でも、この辺《あた》りには川《かわ》が……」

「この道《みち》は、もともと川《かわ》だったんです」

「えっ、この道《みち》が？」

「はい。ちょっと向《む》こうへ行《い》けば、隅田川《すみだがわ》という大《おお》きな川《かわ》があるので、今《いま》はそこで生活《せいかつ》しているかもしれませんね。かっぱを見《み》かけると、いいことがある、と言《い》われていますよ」

「そうですか。それはぜひ見《み》たいものですね」

＊

帰《かえ》り道《みち》、東《ひがし》の空《そら》に大《おお》きなタワーが見《み》えるのに気《き》づいた。

「あれは東京《とうきょう》タワーですか」

「いえ、あれは東京《とうきょう》スカイツリーです」

「ずいぶん大《おお》きいですね。高《たか》さはどのくらいなんですか」

「六百《ろっぴゃく》メートル以上《いじょう》あるそうですよ」

僕《ぼく》は立《た》ち止《ど》まって、しばらくタワーを見《み》ていた。

「ミラーさん、どうしましたか」

「いえ、何《なん》でもありません。ただ、かっぱがあれを見《み》たら、どんな顔《かお》をするだろう、と思《おも》っただけです」

「ははは。きっと、びっくりするでしょうね」

「ええ、きっと」

二　かっぱ橋

三　ラジオ体操《たいそう》

アパートの一階《いっかい》の掲示板《けいじばん》に、こんなポスターがはってあった。
ラジオ体操《たいそう》って何《なん》だろう？
僕《ぼく》がそのポスターを見《み》ていたら、隣《となり》の三〇二《さんまるに》号室《ごうしつ》に住《す》んでいる小《お》川《がわ》よねさんが話《はな》しかけてきた。

「ミラーさんも、いっしょにどうですか」

よねさんは今年《ことし》で八十歳《はちじゅっさい》なんだけど、とても元気《げんき》な人《ひと》だ。健康《けんこう》のために、ダンスとか、水泳《すいえい》とか、いろいろなことをしているらしい。最近《さいきん》はフランス語《ご》の勉強《べんきょう》も始《はじ》めたそうだ。

「ラジオ体操《たいそう》って何《なん》ですか」

「ラジオから聞《き》こえてくる音楽《おんがく》に合《あ》わせて、体《からだ》を動《うご》かすんです」

「盆踊《ぼんおど》りのようなものですか」

「いいえ。盆踊《ぼんおど》りとはだいぶ違《ちが》いますよ」

去年《きょねん》の夏祭《なつまつ》り、僕《ぼく》は初《はじ》めて盆踊《ぼんおど》りを踊《おど》った。僕《ぼく》にとって、それは忘《わす》れられない体験《たいけん》だった。

「そうですか。外国人《がいこくじん》でも参加《さんか》できますか」

「もちろん。ここに『だれでも参加《さんか》できます』って書《か》いてあるでしょう？」

「ほんとうですね。じゃ、ぜひ」

「毎日《まいにち》やっていますから、いつでもどうぞ」

「何時《なんじ》からですか」

「六時半《ろくじはん》からです」

「六時半《ろくじはん》ですか。ちょうど仕事《しごと》から戻《もど》って来《く》るころですね。でも、間《ま》に合《あ》うかどうか……」

「午後《ごご》じゃありませんよ。朝《あさ》の六時半《ろくじはん》からです」

「えっ、そんなに早《はや》く？」

「今《いま》は夏休《なつやす》みなので、子《こ》どもたちも参加《さんか》しています。にぎやかで楽《たの》しいですよ」

「場所《ばしょ》はどこですか」

「そこの公園《こうえん》ですよ」

僕《ぼく》は毎日《まいにち》のように公園《こうえん》を見《み》ているけど、その公園《こうえん》で朝《あさ》からそんな活動《かつどう》が行《おこな》われていたなんて、全然《ぜんぜん》知《し》らなかった。

「わかりました。ありがとうございます」

「いいえ。無理《むり》はしないでくださいね。参加《さんか》は自由《じゆう》ですから」

「はい」

僕《ぼく》は次《つぎ》の日《ひ》、いつもより早《はや》く起《お》きて、運動《うんどう》しやすい服《ふく》で外《そと》に出《で》た。

ちょっと眠《ねむ》い……。

まだ早《はや》いのに、公園《こうえん》には大勢《おおぜい》の人《ひと》が集《あつ》まっていた。数十人《すうじゅうにん》ほどの子《こ》どもの中《なか》に、一人《ひとり》、金髪《きんぱつ》の男《おとこ》の子《こ》がいた。

「あれ、ハンス君《くん》？」

「あ、ミラーさん。おはよう」

ハンス君《くん》は、パワー電気《でんき》のシュミットさんの息子《むすこ》さんだ。

「ハンス君《くん》は毎日来《まいにちき》てるの？」

「夏休《なつやす》みだけだよ。参加《さんか》したら、このカードにスタンプを押《お》してくれて、毎日来《まいにちき》た人《ひと》にはプレゼントがあるんだ」

そう言《い》って、首《くび》から下《さ》げているスタンプカードを見《み》せてくれた。

「へえ、そうなんだ」

シュミットさん一家《いっか》は、ここから歩《ある》いて十五分《じゅうごふん》ぐらいの所《ところ》に住《す》んでいる。小川《おがわ》さん一家《いっか》とは仲《なか》がよくて、いっしょに山登《やまのぼ》りをしたり、バーベキューをしたりしているそうだ。

「お父《とう》さんは来《き》ていないの？」

「うん。でも、もう起《お》きてるよ。ラジオを聞《き》きながら、朝《あさ》ごはんを食《た》べていると思《おも》う」

「ドイツ語《ご》のラジオ？」

「うん。インターネットで。僕《ぼく》は日本《にほん》のテレビを見《み》たいんだけど、見《み》せてくれないんだ。あ、始《はじ》まるよ」

どこからか、軽快《けいかい》な音楽《おんがく》が聞《き》こえてきた。

♪いち、に、さん、し
ごう、ろく、しち、はち……

みんなはその音楽《おんがく》と掛《か》け声《ごえ》に合《あ》わせて、いっせいに体《からだ》を動《うご》かし始《はじ》めた。

「ミラーさんもいっしょに」

「あ、うん」

僕《ぼく》もハンス君《くん》やみんなの動《うご》きを見《み》ながら、同《おな》じように腕《うで》を上《あ》げたり、膝《ひざ》を曲《ま》げたりした。眠気《ねむけ》はいつの間《ま》にか、完全《かんぜん》に消《き》えていた。天気《てんき》もいいし、なんて気持《きも》ちがいい朝《あさ》なんだろう！

「ミラーさん、もっと体《からだ》を後《うし》ろに曲《ま》げて」

と、前《まえ》の方《ほう》から声《こえ》がした。

よねさんの声《こえ》だ。よねさんは、みんなのいちばん前《まえ》で体操《たいそう》していた。

僕《ぼく》は言《い》われたとおり、頑張《がんば》って体《からだ》を曲《ま》げようとしたけど、これ以《い》上《じょう》は曲《ま》がらなかった。ちょっと恥《は》ずかしい……。

簡単《かんたん》な運動《うんどう》だから、そんなにきつくはない。体操《たいそう》の時間《じかん》も数分《すうふん》で終《お》わった。でも、終《お》わるころには汗《あせ》をかいていた。

体操《たいそう》が終《お》わってから、

「どうでしたか」

と、よねさんが僕《ぼく》に聞《き》いてきた。

「とても気持《きも》ちがいいです。それに、みんなといっしょに体操《たいそう》すると、楽《たの》しいですね」

「なんとなく、体《からだ》が軽《かる》くなった感《かん》じがしませんか」

「そうですね」

「ここに来《き》ている人《ひと》は、みんな健康《けんこう》で、あまり病気《びょうき》もしません。あの方《かた》も、あの方《かた》も、みんなわたしと同《おな》じぐらいの年齢《ねんれい》ですよ」

「皆《みな》さんお元気《げんき》そうですね」

「ラジオ体操《たいそう》のおかげです。かぜもめったにひきませんし*……。ミラーさんは、普段《ふだん》は何時《なんじ》ごろに起《お》きているんですか」

「いつもだったら、今《いま》ごろが起《お》きる時間《じかん》です」

東京《とうきょう》へ来《き》てから、僕《ぼく》は起《お》きるのが遅《おそ》くなった。大阪《おおさか》にいたときは、毎朝六時《まいあさろくじ》に起《お》きていたんだけど……。

「それはもったいないですね。『早起《はやお》きは三文《さんもん》の徳《とく》』ですよ」

「それはどういう意味《いみ》ですか」

「『早起《はやお》きをすると、いいことがある』という意味《いみ》です」

「おもしろいことばですね。どんないいことがあるんですか」

*めったに〜ない

「それは人《ひと》によって違《ちが》うでしょうね」

「なるほど」

「昔《むかし》はもっとたくさんの人《ひと》が、このラジオ体操《たいそう》に参加《さんか》していたんですが、最近《さいきん》は少《すく》なくなりました」

「そうですか」

「よかったら、あしたも来《き》てくださいね。毎日《まいにち》やっていたら、体《からだ》も柔《やわ》らかくなりますよ」

「はい」

僕《ぼく》は部屋《へや》に戻《もど》って、シャワーを浴《あ》びて、それから朝《あさ》ごはんを食《た》べた。

いつもより、ごはんがおいしい。

そのあとの仕事《しごと》も、いつもより調子《ちょうし》がよかった。
いい企画書《きかくしょ》が書《か》けた。
中村課長《なかむらかちょう》に褒《ほ》められた。
朝《あさ》のラジオ体操《たいそう》、いいね。

三　ラジオ体操

四　掃除《そうじ》ロボット

高層《こうそう》ビルの三十六階《さんじゅうろっかい》。ここはパワー電気《でんき》のオフィスだ。今《いま》からシュミットさんに会《あ》って、開発中《かいはつちゅう》のロボットについての話《はなし》を聞《き》くことになっている。

パワー電気《でんき》はＩＭＣと協力《きょうりょく》して、ロボット開発《かいはつ》を進《すす》めている。うちの会社《かいしゃ》にとって、とても大切《たいせつ》なビジネスパートナーだ。

窓《まど》からは東京湾《とうきょうわん》が見《み》えた。大《おお》きなフェリーが、ゆっくりと橋《はし》の下《した》を進《すす》もうとしていた。

「ミラーさん、よく来《き》てくださいました」

案内《あんない》された部屋《へや》で待《ま》っていたら、すぐにシュミットさんが入《はい》って来《き》た。僕《ぼく》たちは握手《あくしゅ》を交《か》わした。

「シュミットさん、お久《ひさ》しぶりです。体《からだ》の調子《ちょうし》はいかがですか。体《たい》調《ちょう》を崩《くず》していらっしゃったようですが*……」

「お気遣《きづか》いありがとうございます。実《じつ》は先週《せんしゅう》、一週間休《いっしゅうかんやす》みをとっていたんです。そのおかげで、すっかりよくなりました」

シュミットさんはそう言《い》って、にっこり笑《わら》った。* ほんとうに元気《げんき》そうだ。

「そうでしたか。それはよかったですね」

「でも、そのせいで、ミラーさんに会《あ》ってお話《はな》しするのが遅《おそ》くなっ

＊体調《たいちょう》を崩《くず》す
＊にっこり笑《わら》う

てしまいました。しかも、きょうはわざわざこちらまで足《あし》を運《はこ》んで*いただいて……」

「いいえ、大丈夫《だいじょうぶ》ですよ。そんなに遠《とお》くないですし」

「ミラーさんのことは、ハンスから聞《き》いていますよ。ラジオ体操《たいそう》を始《はじ》めたそうですね」

「そうなんです。小川《おがわ》さんのお母《かあ》さんに誘《さそ》われて……」

「小川《おがわ》さんは大阪《おおさか》に転勤《てんきん》したそうですね」

「はい。一人暮《ひとりぐ》らしを楽《たの》しんでいるようですよ」

「はっはっは。それはいいですね」

「でもシュミットさんは、奥《おく》さんのクラさんとハンス君《くん》がいなかったら、きっと寂《さび》しいでしょう？」

*足《あし》を運《はこ》ぶ

「まあ、そうですね」

シュミットさんは幸《しあわ》せそうに笑《わら》った。それから僕《ぼく》は、少《すこ》しドイツ語《ご》で話《はな》してみたけど、あまりうまく話《はな》せなかった。

「残念《ざんねん》ですが、どうもドイツ語《ご》が下手《へた》になったようです」

僕《ぼく》はアメリカの大学《だいがく》で、少《すこ》しドイツ語《ご》を勉強《べんきょう》した。でも、だいぶ忘《わす》れてしまったようだ。

「きっと、そのぶん日本語《にほんご》が上手《じょうず》になったんですよ。わたしも今《いま》は、ドイツ語《ご》より日本語《にほんご》のほうが自信《じしん》があります」

「ははは。そうですか」

「今《いま》のは冗談《じょうだん》ですが、ハンスのことは少《すこ》し心配《しんぱい》しています」

「子《こ》どもの場合《ばあい》、自分《じぶん》の国《くに》の言葉《ことば》が話《はな》せなくなることは珍《めずら》しくないそうですからね」

「ええ。ですから、家《いえ》ではできるだけドイツ語《ご》で会話《かいわ》するようにしているんです」

「ハンス君《くん》は学校《がっこう》が好《す》きなようですね」

「ええ。友達《ともだち》もたくさんいるし、先生方《せんせいがた》も親切《しんせつ》ですから」

パワー電気《でんき》の社員《しゃいん》の女性《じょせい》が、コーヒーを持《も》って来《き》てくれた。

「どうぞ」

「どうも」

「林《はやし》さん、あれ持《も》って来《き》てください」

とシュミットさんはその女性社員《じょせいしゃいん》に言《い》った。

「はい」

それからシュミットさんは、僕《ぼく》の方《ほう》を見《み》て、こう言《い》った。

「さっそくですが、これからミラーさんに、掃除《そうじ》ロボットの模型《もけい》を見《み》ていただきます」

「それは楽《たの》しみですね」

パワー電気《でんき》の主《おも》な商品《しょうひん》の一《ひと》つは掃除機《そうじき》だ。でも最近《さいきん》、他社《たしゃ》が発売《はつばい》した「ソージクン」という掃除《そうじ》ロボットがよく売《う》れていて、パワー電気《でんき》の掃除機《そうじき》はあまり売《う》れなくなってしまった。それで、前回《ぜんかい》の合《ごう》同会議《どうかいぎ》で、最初《さいしょ》に開発《かいはつ》するのは掃除《そうじ》ロボットにしよう、ということになった。ＩＭＣは主《おも》に、そのロボットを動《うご》かすプログラムの開発《かいはつ》を担当《たんとう》する。

「こちらです」

社員《しゃいん》の林《はやし》さんが持《も》って来《き》たのは、僕《ぼく》が想像《そうぞう》していたより小《ちい》さなものだった。小型《こがた》の掃除機《そうじき》に、四《よっ》つの足《あし》が付《つ》いたようなロボットだ。

「いかがでしょうか」

「意外《いがい》な形《かたち》ですね」

「何《なに》かに似《に》ていませんか」

え、何《なに》かに似《に》てる？　いったい何《なん》だろう……。

「このように、目《め》や耳《みみ》を取《と》り付《つ》けると、……」

「あ、象《ぞう》だ！」

「そうなんです。このロボットは、自分《じぶん》の足《あし》でごみを探《さが》して、この鼻《はな》で吸《す》ってくれます」

「ずいぶん小《ちい》さくて、かわいい象《ぞう》ですね」

「ええ。でも、形《かたち》が似《に》ているだけじゃありません。このごみを吸《す》う部分《ぶぶん》は、実際《じっさい》の象《ぞう》の鼻《はな》をまねて造《つく》りました。象《ぞう》の鼻《はな》はとてもよくできているんですよ」

「へえ、そうなんですね」

「わたしは何度《なんど》も上野《うえの》の動物園《どうぶつえん》へ行《い》って、よく観察《かんさつ》して来《き》ました」

動物園《どうぶつえん》で真剣《しんけん》に象《ぞう》を観察《かんさつ》するシュミットさんを想像《そうぞう》して、僕《ぼく》は思《おも》わず笑《わら》ってしまった。*

「今度《こんど》行《い》くときは、わたしも誘《さそ》ってください。わたしは動物《どうぶつ》を見《み》るのが好《す》きなんです」

「そうでしたか。では次《つぎ》行《い》くときは、お誘《さそ》いしますね。新《あたら》しい技術《ぎじゅつ》は、自然《しぜん》の生《い》き物《もの》を参考《さんこう》にして生《う》まれることがあります。例《たと》えば、飛《ひ》

*思《おも》わず笑《わら》ってしまった

行機《こうき》の翼《つばさ》は鳥《とり》の翼《つばさ》を参考《さんこう》にしているし、注射針《ちゅうしゃばり》の開発《かいはつ》を進《すす》めている会社《かいしゃ》は、蚊《か》の針《はり》を参考《さんこう》にしています。蚊《か》に刺《さ》されても痛《いた》くないでしょう？」

「そうですね」

「こんな例《れい》は、ほかにもたくさんあります」

「それにしても、象《ぞう》の形《かたち》の掃除《そうじ》ロボットというのは、おもしろいアイディアですね。かわいいので、ペットの代《か》わりにもなりそうです」

「これはもともと、ＩＭＣのエンジニアの方《かた》が考《かんが》えたアイディアですよ」

「え、だれですか」

「インドの方《かた》がいらっしゃるでしょう？」

あ、グプタさんだ！

「彼《かれ》はとても優秀《ゆうしゅう》なエンジニアです」

とシュミットさんは言《い》った。

「わたしもそう思《おも》います」

「それで、名前《なまえ》はもう決《き》まったんですか」

「まだです。よかったら、ミラーさんもいっしょに考《かんが》えてください」

「わかりました」

「こちらの模型《もけい》はお貸《か》ししますので、お持《も》ち帰《かえ》りください」

「よろしいんですか」

「ええ。来週《らいしゅう》の会議《かいぎ》は、わたしたちがそちらへ伺《うかが》いますので、そのときにお返《かえ》しいただければ……」

「ありがとうございます。では、お借《か》りしますね」

シュミットさんは、その模型《もけい》を箱《はこ》に入《い》れて、紙袋《かみぶくろ》まで用意《ようい》してくれた。

「わたしの考《かんが》えですが、この掃除機《そうじき》に、ごみを吸《す》い込《こ》む以外《いがい》のこともさせませんか」

「例《たと》えば、どんなことですか」

「物《もの》を片《かた》づけてくれたり、時間《じかん》や天気《てんき》を知《し》らせてくれたり……」

「それはいいですね。会社《かいしゃ》に戻《もど》って、検討《けんとう》してみます」

「はい。よろしくお願《ねが》いします。まだ開発中《かいはつちゅう》の物《もの》なので、社外《しゃがい》では決《けっ》して箱《はこ》を開《あ》けないようにしてくださいね」

「ええ、もちろんです」

僕《ぼく》は立《た》ち上《あ》がって、かばんと紙袋《かみぶくろ》を持《も》った。

「ミラーさん。また今度《こんど》、食事《しょくじ》でもしましょう」

「ええ、ぜひ。では、きょうは失礼《しつれい》します」

五　忘《わす》れ物《もの》

これから僕《ぼく》は、電車《でんしゃ》でＩＭＣのオフィスに戻《もど》る。

電車《でんしゃ》は空《す》いていたので、座《すわ》ることができた。僕《ぼく》の前《まえ》には、男子中《だんしちゅう》学生《がくせい》と思《おも》われる三人組《さんにんぐみ》が並《なら》んで座《すわ》っていた。三人《さんにん》とも自分《じぶん》のスマホの画面《がめん》を見《み》ながら、黙《だま》って忙《いそが》しそうに指《ゆび》を動《うご》かしていた。暇《ひま》なときは、僕《ぼく》もよくスマホを見《み》るし、別《べつ》にそれは悪《わる》いことでもない。でも、*ふと顔《かお》を上《あ》げて周《まわ》りを見《み》ると、車両《しゃりょう》にいる全員《ぜんいん》がそうしていることに気《き》づいて、ぞっとする*ことがある。

*ふと

*ぞっとする

僕《ぼく》は荷物《にもつ》を網棚《あみだな》に置《お》いて、掃除《そうじ》ロボットの名前《なまえ》を考《かんが》え始《はじ》めた。

やっぱり覚《おぼ》えやすい名前《なまえ》がいいだろうな。象《ぞう》の掃除機《そうじき》だから、「ゾウジキ」っていうのはどうだろう？　ちょっとダサ*いかなあ……。英《えい》語《ご》だったら、「エレファントクリーナー」だな。長《なが》いから、これを略《りゃく》して「エレク」っていうのは？　でも、「エレク」だと何《なん》のことかわからないだろうなあ……。じゃ、「ソージクン」に対抗《たいこう》して、「ソージだゾウ」っていうのは？　なかなかおもしろいかも。覚《おぼ》えやすいし。でも、ちょっと子《こ》どもっぽいかな……。象《ぞう》の鳴《な》き声《ごえ》は、日本語《にほんご》でどう表現《ひょうげん》するんだろう？　会社《かいしゃ》に戻《もど》ったら、だれかに聞《き》いてみよう。

あれ、今《いま》どこだろう？

*ダサい

しまった。名前《なまえ》を考《かんが》えるのに夢中《むちゅう》になって、気《き》づいたら、次《つぎ》の駅《えき》に着《つ》いていた。

僕《ぼく》はその駅《えき》で降《お》りて、急《いそ》いで反対《はんたい》のホームに移動《いどう》した。

僕《ぼく》の前《まえ》には、四十歳《よんじゅっさい》ぐらいで、髪《かみ》が長《なが》い女《おんな》の人《ひと》が立《た》っていた。手《て》には紙袋《かみぶくろ》を二《ふた》つ持《も》っている。どちらも有名《ゆうめい》なブランドの紙袋《かみぶくろ》だ。駅《えき》前《まえ》のデパートで買《か》い物《もの》をして来《き》たようだ。

ん？　紙袋《かみぶくろ》？

「あ！」

僕《ぼく》は大《おお》きな声《こえ》を出《だ》してしまった。女《おんな》の人《ひと》は僕《ぼく》の方《ほう》を振《ふ》り返《かえ》った。

「すみません」

僕《ぼく》は頭《あたま》を下《さ》げた。*

*頭《あたま》を下《さ》げる

大変《たいへん》だ。さっきの電車《でんしゃ》に模型《もけい》を忘《わす》れて来《き》てしまった。僕《ぼく》は頭《あたま》が真《ま》っ白《しろ》になった。*紙袋《かみぶくろ》を網棚《あみだな》の上《うえ》に置《お》いたまま、電車《でんしゃ》を降《お》りてしまったのだ。降《お》りた方《ほう》のホームに急《いそ》いで戻《もど》ったけど、さっきの電車《でんしゃ》はもう出発《しゅっぱつ》している。どうしよう……。

「どうしましたか」

五十歳《ごじゅっさい》ぐらいの駅員《えきいん》が話《はな》しかけてきた。僕《ぼく》の様子《ようす》がちょっとおかしいと思《おも》ったのだろう。

「実《じつ》は、さっきの電車《でんしゃ》に忘《わす》れ物《もの》をしてしまったんです」

「そうですか。では、こちらへ来《き》てください」

駅員《えきいん》の男《おとこ》の人《ひと》は、ゆっくりとそう言《い》った。僕《ぼく》はホームの端《はし》の小《ちい》さな部屋《へや》に案内《あんない》された。

*頭《あたま》が真《ま》っ白《しろ》になる

「どうぞ、お座《すわ》りください。……それで、何《なに》を忘《わす》れたんですか」

「紙袋《かみぶくろ》です。中《なか》には大事《だいじ》な物《もの》が……」

「紙袋《かみぶくろ》の色《いろ》は？」

「白《しろ》です」

「大《おお》きさは？」

「このくらいです」

僕《ぼく》は両手《りょうて》でだいたいの大《おお》きさを示《しめ》した。

「中《なか》に何《なに》が入《はい》っていますか」

「中《なか》は象《ぞう》の……」

「象《ぞう》の？」

「象《ぞう》の模型《もけい》というか……」

「置《お》き物《もの》ですか」

「いえ、置《お》き物《もの》ではなくて……」

「おもちゃですか」

おもちゃ？　まあ、確《たし》かに見《み》た目《め》はおもちゃっぽいかもしれない。

「そうです。おもちゃです」

説明《せつめい》が難《むずか》しいから、おもちゃでいいや。

「大事《だいじ》なおもちゃが入《はい》っているんですね」

「はい」

大事《だいじ》なおもちゃって……。まるで子《こ》どもへの誕生日《たんじょうび》プレゼントみたいだな。

「さっきの電車《でんしゃ》の、どの辺《へん》に乗《の》っていましたか」

「えっと、前《まえ》から三両目《さんりょうめ》ぐらいだったと思《おも》います」

「右側《みぎがわ》でしたか、それとも左側《ひだりがわ》でしたか」

えっ？　みぎ？　ひだり？　どっちだったっけ？

「ホーム側《がわ》でしたか、それとも反対側《はんたいがわ》でしたか」

「あ、反対側《はんたいがわ》だったと思《おも》います」

「わかりました。さっきの電車《でんしゃ》は新宿《しんじゅく》が終点《しゅうてん》です。もうすぐ新宿《しんじゅく》に着《つ》きますから、新宿駅《しんじゅくえき》の事務所《じむしょ》に電話《でんわ》してみますね」

「ありがとうございます」

「では、お名前《なまえ》を教《おし》えていただけますか」

「マイク・ミラーです」

それから、新宿駅《しんじゅくえき》の事務所《じむしょ》から連絡《れんらく》が来《く》るまで、しばらくここで待《ま》たせてもらうことになった。

この狭《せま》い部屋《へや》の奥《おく》には、一人《ひとり》の女性《じょせい》が座《すわ》っていた。いすが二《ふた》つしかないので、僕《ぼく》はその隣《となり》のいすに座《すわ》った。

「こんにちは」

その女性《じょせい》は、僕《ぼく》にあいさつをしてきた。

「こんにちは」

「わたしも電車《でんしゃ》に忘《わす》れ物《もの》をしてしまったんです」

「そうでしたか。何《なに》を忘《わす》れたんですか」

「かばんです。そのかばんにはとても大事《だいじ》な物《もの》が入《はい》っているんですが、網棚《あみだな》に置《お》いて来《き》てしまいました」

彼女《かのじょ》はとても不安《ふあん》そうだった。

「わたしと同《おな》じですね」

「そうみたいですね。考《かんが》えごとをしていて、網棚《あみだな》に置《お》いていることを忘《わす》れてしまったんです」

「それもわたしと同《おな》じですね」

僕《ぼく》がそう答《こた》えると、彼女《かのじょ》は僕《ぼく》の方《ほう》を見《み》て、くすっと小《ちい》さく笑《わら》った。

「失礼《しつれい》ですが、お国《くに》はどちらですか」

「アメリカです」

「わたしは韓国《かんこく》です」

「あ、そうでしたか。全然《ぜんぜん》気《き》づきませんでした。日本《にほん》の方《かた》だと思《おも》いました」

「もう十年近《じゅうねんちか》く日本《にほん》にいますから」

「わたしは去年《きょねん》、船《ふね》で韓国《かんこく》へ旅行《りょこう》に行《い》きましたよ」

「そうですか。韓国《かんこく》のどちらへ？」

僕《ぼく》と彼女《かのじょ》は、しばらく日本語《にほんご》でおしゃべりを続《つづ》けた。彼女《かのじょ》はだいぶ表情《ひょうじょう》が柔《やわ》らかくなっていた。僕《ぼく》の方《ほう》も、おかげで少《すこ》し心《こころ》が落《お》ち着《つ》いてきた。

部屋《へや》の中《なか》の電話《でんわ》が鳴《な》った。駅員《えきいん》がすぐ電話《でんわ》をとった。

「……そうですか。わかりました」

駅員《えきいん》は電話《でんわ》を切《き》ると、僕《ぼく》たちに向《む》かって、こう言《い》った。

「イー様《さま》、ミラー様《さま》。お二人《ふたり》の忘《わす》れ物《もの》は、どちらも見《み》つかりました」

ああ、よかった。

僕《ぼく》たちは日本人《にほんじん》のように深々《ふかぶか》と頭《あたま》を下《さ》げながら、お礼《れい》を言《い》った。

「よかったですね。かばんが見《み》つかって」

「ええ。ミラーさんもよかったですね。大事《だいじ》なおもちゃが見《み》つかって」

「ええ」

ただのおもちゃじゃないよ。

家事《かじ》を手伝《てつだ》ってくれる、すごいおもちゃだ。

五　忘れ物

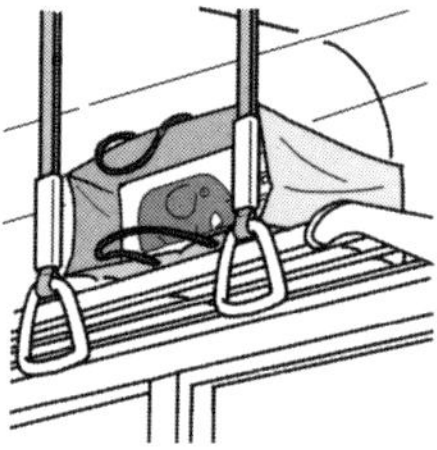

六　うどん派《は》VSそば派《は》

大阪《おおさか》へ出張《しゅっちょう》することになった。

一年間《いちねんかん》しか住《す》んでいなかったのに、大阪《おおさか》に着《つ》いたとたん、急《きゅう》に懐《なつ》かしい気分《きぶん》になった。久《ひさ》しぶりに、大阪《おおさか》のみんなに会《あ》える。

大阪《おおさか》のＩＭＣ本社《ほんしゃ》に着《つ》くと、佐藤《さとう》さんが僕《ぼく》を迎《むか》えてくれた。

「ミラーさん、久《ひさ》しぶりですね。元気《げんき》ですか」

「ええ。佐藤《さとう》さんは？」

「元気《げんき》ですよ。毎日《まいにち》、元気茶《げんきちゃ》を飲《の》んでいますから」

そう言《い》って、にっこり笑《わら》った。佐藤《さとう》さんは以前《いぜん》も、元気茶《げんきちゃ》のおかげで病気《びょうき》らしい病気《びょうき》をしたことがないと言《い》っていた。

「わたしも健康《けんこう》には気《き》をつけていますよ。毎朝《まいあさ》ラジオ体操《たいそう》をしているんです」

「ラジオ体操《たいそう》？　ミラーさんが？」

「ええ」

佐藤《さとう》さんは「ふふっ」と笑《わら》った。

「えっ、おかしいですか」

「ごめんなさい。ラジオ体操《たいそう》をするミラーさんを想像《そうぞう》して、あまりに似合《にあ》いすぎていると思《おも》ったので……」

「似合《にあ》いすぎている？　それはどういう意味《いみ》ですか」

「ミラーさんはまじめな人《ひと》ですから、きっと一生懸命《いっしょうけんめい》やるでしょう？」

「ええ、もちろん」

僕《ぼく》がそう返事《へんじ》をすると、また佐藤《さとう》さんは笑《わら》った。

「おぉ、ミラーさん。もう着《つ》いたんですね」

「あ、山田《やまだ》さん。お変《か》わりありませんね」

「ミラーさんこそ、元気《げんき》そうで何《なに》よりです」

「これは東京《とうきょう》のお土産《みやげ》です。皆《みな》さんで召《め》し上《あ》がってください」

「あ、お気遣《きづか》いありがとう」

ＩＭＣの人《ひと》たちは出張《しゅっちょう》や旅行《りょこう》のたびにお土産《みやげ》を買《か》って来《き》てくれるから、僕《ぼく》もそうするようにしている。

「開《あ》けてもいいですか」

と佐藤《さとう》さんが言《い》う。

「ええ、もちろん」

「あ、人形焼《にんぎょうやき》だ。ミラーさん、ありがとう！」

「喜《よろこ》んでくれて、よかったです」

たくさんのお土産《みやげ》が売《う》られていて、何《なに》を買《か》おうか、ずいぶん迷《まよ》った。それで、見《み》た目《め》がおもしろいから、これに決《き》めたんだ。実《じつ》は、どんな味《あじ》かは知《し》らない……。

「ねえ、みんなで食《た》べましょう。わたし、お茶《ちゃ》をいれて来《き》ますね」

「あ、佐藤《さとう》さん。あとでいいんじゃないですか。もうすぐお昼《ひる》の時《じ》間《かん》だし……」

と山田《やまだ》さんが呼《よ》び止《と》めた。

「あ、そうですね。じゃ、食後《しょくご》のお楽《たの》しみにしておきます。ミラーさんは、もう昼《ひる》ごはんは食《た》べましたか」

「まだです」

「どこへ食《た》べに行《い》きたいですか」

「じゃ、『つるや』へ行《い》きませんか」

「いいですよ。ねえ、山田《やまだ》さん」

「ええ、もちろん」

*

佐藤《さとう》さんはきつねうどん、山田《やまだ》さんは牛丼《ぎゅうどん》を頼《たの》んだ。

「わたしは、てんぷらそば」

「かしこまりました」

「ミラーさんは、てんぷらが好《す》きですね」

と山田《やまだ》さんが言《い》った。

「ええ、特《とく》にこの店《みせ》のてんぷらが好《す》きです。あの食感《しょっかん》は、日本語《にほんご》でどう表現《ひょうげん》したらいいんですか」

「『さくさく』ですね」

「そう、さくさくしていて、おいしいんです」

「でも、以前《いぜん》はそばじゃなくて、うどんをよく食《た》べていましたよね」

「そうなんです。最近《さいきん》は、そばのほうが好《す》きになりました」

「それはなんだか、ちょっと寂《さび》しいですね」

と佐藤《さとう》さんが言《い》った。

「えっ、どうしてですか」

「ミラーさんがすっかり東京《とうきょう》の人《ひと》になってしまったようで……」

「ははは。東京《とうきょう》の人《ひと》には『そば好《ず》き』というイメージがありますからね」

と山田《やまだ》さんが笑《わら》いながら言《い》った。

「そういえば、確《たし》かに東京《とうきょう》はそば屋《や》が多《おお》いですね」

「ほら、見《み》てください。このメニューには、そばよりうどんのほうが先《さき》に書《か》いてあるでしょう？　東京《とうきょう》では逆《ぎゃく》に書《か》いてあることのほうが多《おお》いと思《おも》います」

「へえ、そうなんですね」

「でも、大阪《おおさか》だって、おいしいそばが食《た》べられる店《みせ》は多《おお》いですよ。駅《えき》の近《ちか》くにも、手打《てう》ちのおいしいそば屋《や》が一軒《いっけん》あります。佐藤《さとう》さんはうどん派《は》ですか。それとも、そば派《は》ですか」

と山田《やまだ》さんが聞《き》いた。この「派《は》」という表現《ひょうげん》は、雑誌《ざっし》などでよく目《め》にする。どちらが好《す》きか、というときに使《つか》うようだ。例《たと》えば、「犬《いぬ》派《は》」と「猫派《ねこは》」とか、「アウトドア派《は》」と「インドア派《は》」とか……。

「ううん。とても難《むずか》しい問題《もんだい》ですが、どちらかといえば、うどんのほうが好《す》きですね。あのもちもちした食感《しょっかん》*が好《す》きです」

「わたしはミラーさんと同《おな》じで、そば派《は》です。ミラーさん、そばといえば、長野県《ながのけん》ですよ」

*もちもちした

「山田《やまだ》さんはこの前《まえ》の連休《れんきゅう》、わざわざそばを食《た》べるために、長野県《ながのけん》まで行《い》ったそうですよ」

「えっ、ほんとうですか」

「はい、一人《ひとり》で車《くるま》で行《い》ってきました」

一人《ひとり》で車《くるま》で？　山田《やまだ》さんらしいなあ……。

「山田《やまだ》さん、確《たし》か数年前《すうねんまえ》に、そば作《づく》りの道具《どうぐ》を買《か》いませんでしたか」

と佐藤《さとう》さんが言《い》った。

「ああ、はい。でも、恥《は》ずかしい話《はなし》ですが、数回使《すうかいつか》っただけで作《つく》らなくなってしまいました。今《いま》は押《お》し入《い》れで眠《ねむ》っています」

「奥《おく》さんに怒《おこ》られたでしょう？」

「ええ。どうしてよく考《かんが》えてから買《か》わないのって……」

と山田《やまだ》さんは小声《こごえ》で言《い》った。僕《ぼく》は思《おも》わず笑《わら》ってしまった。

「ミラーさんはざるそば派《は》ですか。それとも、かけそば派《は》ですか」

と山田《やまだ》さんが聞《き》いた。

「わたしは温《あたた》かいほうが好《す》きです。ざるそばは、わさびが苦手《にがて》で……」

「あれは無理《むり》に入《い》れなくてもいいんですよ」

「そうなんですね。それにしても、日本人《にほんじん》のそばの食《た》べ方《かた》にはびっくりしました。ずるずるっと、音《おと》を立《た》てて食《た》べるので……」

「ああやって音《おと》を立《た》てると、おいしいんですよ」

「そうそう」

と佐藤《さとう》さんがあいづちを打《う》った。*

*あいづちを打《う》つ

「どうしてですか」

「さあ……。子《こ》どものころから自然《しぜん》にやっていることだから、理由《りゆう》なんて考《かんが》えたこともありません。山田《やまだ》さんは、どうしてだと思《おも》いますか」

「すすって食《た》べると、つゆもいっしょに口《くち》に入《はい》るし、そばやわさびの香《かお》りも鼻《はな》に入《はい》ってくるんです」

＊すする

「なるほど。それでおいしく感《かん》じるんですね」

僕《ぼく》は最初《さいしょ》、あの音《おと》がちょっと苦手《にがて》だった。アメリカでは、音《おと》を立《た》てて食事《しょくじ》するのは行儀《ぎょうぎ》が悪《わる》いことだから。でも、最近《さいきん》は気《き》にならなくなった。慣《な》れって、ちょっと怖《こわ》いね。

「お待《ま》たせしました」

三人《さんにん》の料理《りょうり》が運《はこ》ばれて来《き》た。

「すみません。あと、ざるそばを一枚《いちまい》ください」

と山田《やまだ》さんが店《みせ》の人《ひと》に言《い》った。

「えっ……」

僕《ぼく》も佐藤《さとう》さんも、びっくりして山田《やまだ》さんの方《ほう》を見《み》た。

「そばの話《はなし》をしていたら、どうしても食《た》べたくなってしまいました」

七　ミラーさんの恋人《こいびと》

きょうは勝負《しょうぶ》の日《ひ》だ。

この日《ひ》のために、半年前《はんとしまえ》から準備《じゅんび》してきた。

日本語《にほんご》の試験《しけん》のために。

試験《しけん》の会場《かいじょう》はさくら大学《だいがく》だ。会場《かいじょう》の場所《ばしょ》を確認《かくにん》してから、大学《だいがく》の食堂《しょくどう》で早《はや》めの昼食《ちゅうしょく》をとることにした。

並木道《なみきみち》に面《めん》したテラス席《せき》に座《すわ》って、サンドイッチを食《た》べていたら、

「ミラーさん」と後《うし》ろから声《こえ》がした。

「あ、タワポン君《くん》！　久《ひさ》しぶりだね」

タワポン君《くん》は大阪《おおさか》で知《し》り合《あ》った友達《ともだち》だ。今年《ことし》からこの大学《だいがく》で、社《しゃ》会学《かいがく》の勉強《べんきょう》をしているのだ。

「日本語《にほんご》の試験《しけん》を受《う》けに来《き》たんだね」

「そう。いい雰囲気《ふんいき》の大学《だいがく》だね。自分《じぶん》が通《かよ》っていたアメリカの大学《だいがく》を思《おも》い出《だ》すよ」

「校舎《こうしゃ》も洋風《ようふう》の建築《けんちく》だしね。けっこう古《ふる》いみたいだよ」

「へえ、そうなんだ」

僕《ぼく》はカメラを持《も》って来《こ》なかったことを、少《すこ》し後悔《こうかい》していた。

「タワポン君《くん》は、もう合格《ごうかく》しているんだよね」

「うん」

「カリナさんから聞《き》いたんだけど、ほとんど満点《まんてん》だったらしいね」

「まあね」

「すごいよなあ」

「ミラーさんも、きっと合格《ごうかく》するよ」

「僕《ぼく》はあまり自信《じしん》がないんだ。日本語学校《にほんごがっこう》に通《かよ》わないで、自分《じぶん》で勉《べん》強《きょう》しているだけだし……」

「僕《ぼく》だって、実《じつ》はそんなにまじめに勉強《べんきょう》してないよ」

「うそでしょう？」

「ほんとだよ」

「タワポン君《くん》って、もしかして、天才《てんさい》？」

「そうかも」

タワポン君《くん》は表情《ひょうじょう》も変《か》えないで、そう短《みじか》く返事《へんじ》した。

「はっはっは。君《きみ》は相変《あいか》わらずおもしろいね」

「あまり勉強《べんきょう》してるって感覚《かんかく》がないんだ。いつも好《す》きなアニメを見《み》たり、ライトノベルを読《よ》んだりしてるだけ」

「ほんとうにそれだけ？」

「あとは、日本人《にほんじん》の友達《ともだち》と楽《たの》しくおしゃべりしたり……」

うーん。やっぱり僕《ぼく》には信《しん》じられない。

「ミラーさんは、どんな勉強《べんきょう》のし方《かた》をしてるの？」

「まず、単語《たんご》を毎日覚《まいにちおぼ》える。それから、文型《ぶんけい》の練習《れんしゅう》をしっかりやる。そして、覚《おぼ》えた単語《たんご》や文型《ぶんけい》を使《つか》って、自分《じぶん》で作文《さくぶん》を書《か》いてみる」

「へえ、僕《ぼく》と全然違《ぜんぜんちが》うね。僕《ぼく》にはできないなあ。そんなつまらないこと、どうして続《つづ》けられるの？」

「少《すこ》しずつでも、日本語《にほんご》が上手《じょうず》になると、うれしいから。日本語《にほんご》が上手《じょうず》になるにつれて、もっともっと日本語《にほんご》の勉強《べんきょう》が好《す》きになっていくんだ」

「ふーん」

タワポン君《くん》は変《へん》な人《ひと》を見《み》るような目《め》で、僕《ぼく》を見《み》た。

「僕《ぼく》は作文《さくぶん》が苦手《にがて》なんだ。今度《こんど》の試験《しけん》ではレポートを書《か》かなきゃならないんだけど、あまり自信《じしん》がなくて……」

「そうか、タワポン君《くん》にも苦手《にがて》なものがあるんだね。安心《あんしん》したよ」

タワポン君《くん》は眉間《みけん》にしわを寄《よ》せて、*口《くち》を「へ」の字《じ》にした。

「ははは。まるでマンガみたいな顔《かお》だね。ところで、タワポン君《くん》

*眉間《みけん》にしわを寄《よ》せる

はスピーチコンテストに出《で》るでしょう？」

「もちろん。カリナさんもね」

「カリナさん、元気《げんき》かな」

カリナさんも、僕《ぼく》が大阪《おおさか》にいるときに知《し》り合《あ》った友達《ともだち》だ。富士大学《ふじだいがく》で美術《びじゅつ》の勉強《べんきょう》をしている。

校舎《こうしゃ》の方《ほう》から歩《ある》いて来《く》る人《ひと》の中《なか》に、僕《ぼく》に手《て》を振《ふ》る人《ひと》がいた。だれだろう？　こちらへ近《ちか》づいて来《く》る。

「ミラーさん！」

「あれ、幸子《さちこ》さん？　どうしてここに？」

隣人《りんじん》の小川家《おがわけ》の奥《おく》さんだ。

「英語《えいご》のレッスンですよ。週《しゅう》に一回《いっかい》、ここで会話《かいわ》のクラスに参加《さんか》しているんです。こちらの席《せき》、座《すわ》ってもよろしいですか」

「ええ、どうぞ」

そういえばこの間《あいだ》、オーストラリアへホームステイに行《い》くって言《い》っていたな。僕《ぼく》に先生《せんせい》になってほしいって言《い》われたんだけど、忙《いそが》しいから断《ことわ》ってしまったんだ。

「そうですか。先生《せんせい》はどんな人《ひと》ですか」

「イギリスの方《かた》です。すてきな方《かた》ですよ。ハンサムだし、ユーモアもあるし、とても人気《にんき》があるんです。おひげもよくお似合《にあ》いで……」

「ああ、ワット先生《せんせい》ですね。さくら大学《だいがく》の有名《ゆうめい》な英語《えいご》の先生《せんせい》です。僕《ぼく》も先生《せんせい》の授業《じゅぎょう》を受《う》けていますよ。おもしろい先生《せんせい》ですよね」

とタワポン君《くん》が言《い》った。

「いい先生《せんせい》が見《み》つかって、よかったですね」

「ええ。わたしは毎週《まいしゅう》このクラスがとても楽《たの》しみなんです。先生《せんせい》は本《ほん》もお書《か》きになっているんですよ」

「何《なん》ていう本《ほん》ですか」

「これです」

幸子《さちこ》さんはかばんから一冊《いっさつ》の本《ほん》を出《だ》した。その本《ほん》の表紙《ひょうし》には『上手《じょうず》な整理《せいり》の方法《ほうほう》』というタイトルが書《か》いてあった。

「へえ。おもしろそうですね」

「サインもしていただいたんです」

そう言《い》って、幸子《さちこ》さんはその本《ほん》のいちばん最初《さいしょ》のページを開《ひら》いた。

そこには英語《えいご》の筆記体《ひっきたい》で書《か》かれたサインがあった。

「でも、残念《ざんねん》なことが一《ひと》つあります。先生《せんせい》には恋人《こいびと》がいて、もうすぐ結婚《けっこん》されるそうです」

幸子《さちこ》さんは、ほんとうに残念《ざんねん》そうだった。僕《ぼく》とタワポン君《くん》は顔《かお》を見合《みあ》わせて、*こっそり笑《わら》った。

「ミラーさんは、恋人《こいびと》はいないんですか」

と幸子《さちこ》さんが言《い》った。

「えっ。……はい」

「ハンサムなのに、どうしてでしょうね……。よかったら、だれか紹介《しょうかい》しましょうか」

「あ、いえ、けっこうです」

「日本人《にほんじん》がいいですか、アメリカ人《じん》がいいですか」

*顔《かお》を見合《みあ》わせる

「あのう……」

僕《ぼく》は目《め》でタワポン君《くん》に「助《たす》けて」と合図《あいず》した。するとタワポン君《くん》は、こう言《い》った。

「ミラーさんには、もう恋人《こいびと》がいます」

「えっ、そうなんですか」

「タワポン君《くん》、何《なに》を言《い》っているの？　うそはだめだよ」

「うそじゃありませんよ。僕《ぼく》は知《し》っています。ミラーさんはその恋《こい》人《びと》のことが、ほんとうに好《す》きなんです」

「それは知《し》りませんでした。そんな恋人《こいびと》がいらっしゃるなんて」

「さっきもミラーさんは、その恋人《こいびと》への情熱《じょうねつ》を僕《ぼく》に話《はな》していたんです。その人《ひと》のことを知《し》れば知《し》るほど、もっともっと好《す》きになってしまうんだって」

「そうだったんですね。ミラーさんはいつも落《お》ち着《つ》いていらっしゃいますが、そんな情熱的《じょうねつてき》なところもあるんですね」

僕《ぼく》はもう、呆《あき》れて黙《だま》るしかなかった。

「それで、その恋人《こいびと》はどんな方《かた》なんですか」

「実《じつ》は、人間《にんげん》ではないんです」

「えっ、人間《にんげん》ではない？　じゃ、いったい……」

タワポン君《くん》は、少《すこ》し時間《じかん》を置《お》いて、こう言《い》った。

「『にほんご』です」

「えっ？」

「ミラーさんの恋人《こいびと》は、『にほんご』です。そうだよね。ミラーさん」

タワポン君《くん》は、ほんとうに冗談《じょうだん》が好《す》きなやつだ。

「ほほほっ。そういうことでしたか」

「そろそろ、デートの時間《じかん》なんじゃない？」

僕《ぼく》は自分《じぶん》の腕時計《うでどけい》を見《み》た。タワポン君《くん》の言《い》うとおりだ。もう行《い》かなきゃ。

「では、そろそろデートの時間《じかん》なので、失礼《しつれい》しますね」

「えっ、デート？」

「はい。彼女《かのじょ》との愛《あい》を確《たし》かめる、真剣《しんけん》なデートです」

八　課《か》長《ちょう》の欠勤《けっきん》

中村《なかむら》課《か》長《ちょう》が会社《かいしゃ》を休《やす》んだ。

「珍《めずら》しいね。課《か》長《ちょう》が会社《かいしゃ》を休《やす》むなんて。体調《たいちょう》を崩《くず》されたのかな」

と僕《ぼく》は鈴木《すずき》さんに聞《き》いた。

「朝《あさ》は僕《ぼく》が電話《でんわ》を受《う》けたんだけど、ずいぶん元気《げんき》がない声《こえ》だったよ」

僕《ぼく》らは年《とし》が近《ちか》いから、いつからか、敬語《けいご》を使《つか》わないで話《はな》すようになった。

「それは心配《しんぱい》だね」

「課長《かちょう》がいないなら、きょうの会議《かいぎ》は中止《ちゅうし》だな」

「そうだね」

まだ資料《しりょう》の準備《じゅんび》ができていなかったから、僕《ぼく》にとっては都合《つごう》がよかった。

「ミラーさんは、きょうはずっと会社《かいしゃ》にいるの？」

「うん」

「じゃ、夕方《ゆうがた》になったら、課長《かちょう》に電話《でんわ》してくれないかな。課長《かちょう》の体《たい》調《ちょう》も気《き》になるし、あしたの予定《よてい》も確認《かくにん》したほうがいいから」

「わかった」

鈴木《すずき》さんは、これから出張《しゅっちょう》で名古屋《なごや》へ行《い》くことになっていた。

「じゃ、よろしく」

そう言《い》って、鈴木《すずき》さんは会社《かいしゃ》を出《で》て行《い》った。

*

中村課長《なかむらかちょう》はとてもまじめで、厳《きび》しい人《ひと》だ。僕《ぼく》たちの仕事《しごと》をしっかり管理《かんり》していて、いつまでに何《なに》をしなければならないか、すべて頭《あたま》に入《はい》っている*。

僕《ぼく》は最初《さいしょ》、課長《かちょう》から書類《しょるい》の書《か》き方《かた》を細《こま》かく注意《ちゅうい》された。三《さん》、四回《よんかい》書《か》き直《なお》すこともあった。でも、課長《かちょう》に言《い》われたとおりに書《か》けるようになってから、仕事《しごと》がずっと速《はや》くなった。課長《かちょう》は日本語《にほんご》のまちがいも細《こま》かく直《なお》してくれる。課長《かちょう》の教《おし》え方《かた》はとてもわかりやすい。

*頭《あたま》に入《はい》っている

最近《さいきん》は残業《ざんぎょう》する日《ひ》が続《つづ》いていたから、疲《つか》れがたまっていたのかもしれないな。忙《いそが》しいとき、課長《かちょう》はだれよりも早《はや》く会社《かいしゃ》へ来《き》て、だれよりも遅《おそ》く帰《かえ》ることが多《おお》い。

午後四時《ごごよじ》ごろ、そろそろ課長《かちょう》に電話《でんわ》してみようと思《おも》っていたら、課《か》長《ちょう》の方《ほう》から会社《かいしゃ》に電話《でんわ》があった。

「もしもし、中村《なかむら》です」

「あ、中村課長《なかむらかちょう》。ミラーです」

「ミラーさん、きょうはごめんなさいね」

鈴木《すずき》さんが言《い》ったとおりだ。いつもと声《こえ》が違《ちが》う。電話《でんわ》から聞《き》こえてくる声《こえ》は、まるで違《ちが》う人《ひと》のようだった。

「いいえ。課長《かちょう》はかぜをひかれたんですか」

「いえ。かぜではありません……」

「じゃ……」

「ちょっと、私事《わたくしごと》で……」

「何《なに》かあったんですか」

「実《じつ》はきのう、うちの……」

そう言《い》いかけて、中村《なかむら》課長《かちょう》は声《こえ》をつまらせた*。鼻《はな》をする*音《おと》が聞《き》こえる。いったいどうしたんだろう？　どうやら、課長《かちょう》は泣《な》いているようだ。

「大丈夫《だいじょうぶ》ですか」

「ええ、大丈夫《だいじょうぶ》。大丈夫《だいじょうぶ》です」

課長《かちょう》は呼吸《こきゅう》を整《ととの》えて*から、話《はなし》を続《つづ》けた。

＊声《こえ》をつまらせる

＊鼻《はな》をする

＊呼吸《こきゅう》を整《ととの》える

「実《じつ》はね、うちのゴロウちゃんが……」

「ゴロウちゃん？」

「うちで飼《か》っていた猫《ねこ》です」

「猫《ねこ》？」

「はい……。うちの猫《ねこ》が、あの世《よ》へ旅立《たびだ》ってしまったの」

アノヨ？

「あのう、『アノヨ』って……、どちらですか」

「……」

中村《なかむら》課長《かちょう》は黙《だま》ってしまった。

「すみません。わたし、変《へん》なことを言《い》いましたか」

「いいえ。わたしの方《ほう》こそ、よく頭《あたま》が回《まわ》らなくて*……。ミラーさん、

＊頭《あたま》が回《まわ》らない

あのね、わたしたちがいるのは、この世《よ》でしょう？　だから、ゴロウちゃんは、この世《よ》じゃない所《ところ》へ行《い》ってしまったの」

「ああ……。つまり、天国《てんごく》へ……」

「そう、死《し》んじゃったの」

いつもの課長《かちょう》とはあまりに様子《ようす》が違《ちが》うので、僕《ぼく》はびっくりしていた。こんなに元気《げんき》がない課長《かちょう》は初《はじ》めてだ。同時《どうじ》に、僕《ぼく》も小《ちい》さいとき、飼《か》っていた犬《いぬ》が死《し》んでしまって、一日中《いちにちじゅう》泣《な》いていたことを思《おも》い出《だ》した。

僕《ぼく》が飼《か》っていた犬《いぬ》は、交通事故《こうつうじこ》で死《し》んでしまった。心《こころ》にぽっかり穴《あな》が空《あ》いてしまった*ような気分《きぶん》だった。事故《じこ》を起《お》こしたのは、赤《あか》い車《くるま》だった。そのせいで、僕《ぼく》は今《いま》でも赤《あか》い車《くるま》が好《す》きになれない。

*心《こころ》にぽっかり穴《あな》が空《あ》く

「とてもかわいがっていらっしゃったんですね」

「ええ」

「何歳《なんさい》だったんですか」

「十二歳《じゅうにさい》でした。……うれしいときも、悲《かな》しいときも、いつもいっしょでした。家族《かぞく》の一員《いちいん》でした。ゴロウちゃんがもうこの世《よ》にいないなんて、信《しん》じられません。わたしの大事《だいじ》な、大事《だいじ》な……」

中村課長《なかむらかちょう》は、また声《こえ》をつまらせた。鼻《はな》をすする音《おと》は、なかなかやみそうになかった。

僕《ぼく》もつられて、*涙《なみだ》が出《で》てきた。

「ゴロウちゃんは、中村課長《なかむらかちょう》にそんなにも愛《あい》されて、幸《しあわ》せだったと思《おも》いますよ」

＊つられる

僕《ぼく》がそう言《い》うと、課長《かちょう》は声《こえ》を殺《ころ》して泣《な》いた。*

「……ありがとう、ミラーさん」

僕《ぼく》は次《つぎ》に、どう言《い》えばいいかわからなかった。日本語《にほんご》の問題《もんだい》じゃなくて……。課長《かちょう》もしばらく、何《なに》も言《い》わなかった。

こんな状況《じょうきょう》で、あしたの予定《よてい》とか聞《き》けないな。今《いま》はとりあえず、一度《いちど》電話《でんわ》を切《き》ったほうがよさそうだ。あしたの準備《じゅんび》は、僕《ぼく》と鈴木《すずき》さんでなんとかすればいい*……。そう思《おも》っていたら、

「ミラーさん、一《ひと》つお願《ねが》いしてもいいですか」

と課長《かちょう》が言《い》った。

「あ、はい」

「わたしの机《つくえ》に置《お》いてある資料《しりょう》を、みんなに配《くば》っておいてくれます

*声《こえ》を殺《ころ》して泣《な》く

*なんとかする

か。見《み》ればわかると思《おも》いますので……」

「わかりました」

「あしたは会社《かいしゃ》へ行《い》きますから」

そう言《い》って、中村課長《なかむらかちょう》は電話《でんわ》を切《き》った。最後《さいご》の一言《ひとこと》では、もういつもの冷静《れいせい》な課長《かちょう》に戻《もど》っていた。

僕《ぼく》は課長《かちょう》の机《つくえ》の前《まえ》に来《き》て、資料《しりょう》を探《さが》した。

資料《しりょう》はすぐ見《み》つかった。

その資料《しりょう》を取《と》ろうとしたとき、パソコンの横《よこ》に飾《かざ》られた一枚《いちまい》の写《しゃ》真《しん》が目《め》に入《はい》った。小《ちい》さい写真立《しゃしんた》てなので、それがあることに今《いま》まで気《き》づかなかった。

その写真《しゃしん》には、中村課長《なかむらかちょう》の胸《むね》に大事《だいじ》そうに抱《だ》かれた、一匹《いっぴき》の白《しろ》い猫《ねこ》が写《うつ》っていた。

八　課長の欠勤

九　木村《きむら》さんとのメール

○月《がつ》×日《にち》

木村《きむら》さん、お元気《げんき》ですか。

僕《ぼく》は四月《しがつ》に、東京《とうきょう》の新《あたら》しい部屋《へや》に引《ひ》っ越《こ》しました。

ベランダからは、きれいな公園《こうえん》が見《み》えます。桜《さくら》の木《き》も見《み》えます。

でも、残念《ざんねん》ながら、桜《さくら》の花《はな》は見《み》られませんでした。

僕《ぼく》が引《ひ》っ越《こ》して来《き》たときには、もう花《はな》が散《ち》っていたので……。

来年《らいねん》の春《はる》が、今《いま》から待《ま》ち遠《どお》しいです。

去年《きょねん》はいっしょに、大阪城《おおさかじょう》へ桜《さくら》を見《み》に行《い》きましたね。
佐藤《さとう》さんもいっしょでした。
とても楽《たの》しい思《おも》い出《で》です。
東京《とうきょう》へ来《く》るときは、必《かなら》ず連絡《れんらく》してください。
また会《あ》える日《ひ》を、楽《たの》しみにしています。

マイク・ミラー

○月《がつ》×日《にち》

ミラーさん、メールありがとう。
東京《とうきょう》の生活《せいかつ》には、もう慣《な》れたでしょうか。
わたしは大学生《だいがくせい》のとき、東京《とうきょう》に住《す》んでいました。

大学《だいがく》ではテニスサークルに入《はい》っていました。
あの頃《ころ》は、毎日《まいにち》のようにテニスをしていました。
ミラーさんはテニスが好《す》きですか。
テニスって、とても頭《あたま》を使《つか》うスポーツなんですよ。
そのときの友達《ともだち》とは、今《いま》でも時々《ときどき》会《あ》っています。
仕事《しごと》でたまに東京《とうきょう》へ行《い》くことがあるんですが、
なかなか会《あ》える時間《じかん》はつくれないかもしれません。
またメールをくださいね。
では、お元気《げんき》で。

木村《きむら》いずみ

○月《がつ》×日《にち》

木村《きむら》さん、お久《ひさ》しぶりです。

だいぶ暑《あつ》くなってきましたね。

きのうの晩《ばん》は、うっかり*エアコンをつけたまま寝《ね》てしまって、

かぜをひいてしまいました。

公園《こうえん》には、せみがたくさんいるようです。毎日《まいにち》うるさいです。

日本人《にほんじん》はせみの鳴《な》き声《ごえ》をうるさいと思《おも》わないそうですが、

ほんとうですか。

僕《ぼく》には、ただの騒音《そうおん》にしか聞《き》こえません。

この前《まえ》、日本語《にほんご》の試験《しけん》を受《う》けました。

*うっかり

ちょっと難《むずか》しかったです。あまり自信《じしん》がありません。
やはり僕《ぼく》は、漢字《かんじ》が苦手《にがて》です。なかなか覚《おぼ》えられません。
何《なに》かいい方法《ほうほう》はありませんか。
日本語《にほんご》の勉強《べんきょう》が、少《すこ》し辛《つら》くなってきました。

マイク・ミラー

○月《がつ》×日《にち》

木村《きむら》さん

僕《ぼく》はきのう、こんな夢《ゆめ》を見《み》ました。
その夢《ゆめ》では、僕《ぼく》は日本語《にほんご》の教科書《きょうかしょ》の登場人物《とうじょうじんぶつ》になっていて、教科書《きょうかしょ》の例文《れいぶん》を延々《えんえん》と＊言《い》わされるんです。

＊延々《えんえん》と

「これは辞書《じしょ》です」とか、「それはわたしの傘《かさ》です」とか……

変《へん》な夢《ゆめ》でしょう？

日本語《にほんご》の勉強《べんきょう》のしすぎでしょうか。

でも、この夢《ゆめ》のような世界《せかい》は、

僕《ぼく》が普段《ふだん》、なんとなく感《かん》じていることでもあります。

日本《にほん》に来《き》たばかりのときは、

いつも同《おな》じような簡単《かんたん》なことしか言《い》えなくて、

ストレスを感《かん》じていました。

今《いま》ではいろいろな話《はなし》ができるようになって、

ストレスも減《へ》ってきましたが、

それでも、まだまだ僕《ぼく》の日本語《にほんご》は、

教科書《きょうかしょ》の世界《せかい》から抜《ぬ》け出《だ》すことができません。
ああ、もっと自由《じゆう》に話《はな》せるようになりたい！

マイク・ミラー

○月《がつ》×日《にち》

木村《きむら》さん

日本語《にほんご》の試験《しけん》は、やはりだめでした。
とても残念《ざんねん》です。

マイク・ミラー

○月《がつ》×日《にち》

ミラーさん

返事《へんじ》が遅《おそ》くなって、ごめんなさい。

最近《さいきん》いろいろなことで忙《いそが》しくて、

ゆっくりメールをする時間《じかん》もありませんでした。

日本語《にほんご》の勉強《べんきょう》のことで、悩《なや》んでいるようですね。

急《いそ》ぐことはないと思《おも》いますよ。

ミラーさんの日本語《にほんご》は、以前《いぜん》よりとても上達《じょうたつ》しています。

自信《じしん》を持《も》ってください。

大阪《おおさか》にいるときのミラーさんは、

もっと日本語《にほんご》の勉強《べんきょう》を楽《たの》しんでいませんでしたか。

あのときの気持《きも》ちを思《おも》い出《だ》してください。
勉強《べんきょう》は本来《ほんらい》、楽《たの》しいものです。

ところで、突然《とつぜん》ですが、ミラーさんに報告《ほうこく》したいことがあります。
わたしは、結婚《けっこん》することになりました。
相手《あいて》は英語《えいご》の教師《きょうし》をしている人《ひと》です。
結婚式《けっこんしき》は来月《らいげつ》、東京《とうきょう》のホテルで行《おこな》う予定《よてい》です。
ほんとうは会《あ》って報告《ほうこく》したかったんですけど、ごめんなさい。
もし都合《つごう》がよければ、結婚式《けっこんしき》に出席《しゅっせき》していただけませんか。
けい子《こ》や松本《まつもと》さん夫婦《ふうふ》も来《き》ますよ。

木村《きむら》いずみ

○月《がつ》×日《にち》

木村《きむら》さん、結婚《けっこん》おめでとうございます！
驚《おどろ》きました。
相手《あいて》がどんな方《かた》なのか、とても気《き》になります。*
きっとすてきな方《かた》なんでしょうね。
結婚式《けっこんしき》は、喜《よろこ》んで出席《しゅっせき》させていただきます。
木村《きむら》さんの結婚《けっこん》を、心《こころ》からお祝《いわ》いします。

マイク・ミラー

*気《き》になる

○月《がつ》×日《にち》

ミラーさん

結婚式《けっこんしき》に来《き》てくれて、ありがとう。

元気《げんき》そうで、よかったです。

まさか、ミラーさんのご近所《きんじょ》の方《かた》が主人《しゅじん》の学生《がくせい》だったなんて、

びっくりしましたね。

来月《らいげつ》には引《ひ》っ越《こ》しが終《お》わって、ゆっくりできそうです。

新婚旅行《しんこんりょこう》は、まだどこへ行《い》くか決《き》めていません。

わたしは海外《かいがい》へ行《い》きたいんですけど、

主人《しゅじん》は沖縄《おきなわ》がいいと言《い》っています。

わたしも主人《しゅじん》も、なかなか譲《ゆず》ろうとしません（笑）。

いつか、わたしたちのうちに遊《あそ》びに来《き》てくださいね。
お待《ま》ちしています。

木村《きむら》いずみ

○月《がつ》×日《にち》

木村《きむら》さん

メールありがとうございます。
木村《きむら》さんの花嫁姿《はなよめすがた》、ほんとうにきれいでした。
ご主人《しゅじん》のワットさんも、すてきな方《かた》ですね。
とても幸《しあわ》せそうで、お似《に》合《あ》いの夫婦《ふうふ》だと思《おも》いました。

僕《ぼく》もいつか、すてきな人《ひと》と結婚《けっこん》できるでしょうか。

ところで、僕《ぼく》は最近《さいきん》、毎朝《まいあさ》ランニングをしています。
休《やす》みの日《ひ》は、皇居《こうきょ》の周《まわ》りを走《はし》ることもあります。
今度《こんど》、マラソン大会《たいかい》に出《で》るつもりです。
それから、来月《らいげつ》の日本語《にほんご》スピーチコンテストにも参加《さんか》します。
毎日忙《まいにちいそが》しいですが、充実《じゅうじつ》しています。
頑張《がんば》るぞ！
木村《きむら》さんも、ぜひ応援《おうえん》してください！

マイク・ミラー

九　木村さんとのメール

十　相撲《すもう》

鈴木《すずき》さんに誘《さそ》われて、両国《りょうごく》にある国技館《こくぎかん》へ来《き》た。相撲《すもう》を見《み》るためだ。相撲《すもう》を見《み》るのは初《はじ》めてだ。実《じつ》は、ルールもよく知《し》らない。

建物《たてもの》は思《おも》っていたより、ずいぶん大《おお》きかった。中《なか》に入《はい》ると、上《うえ》に神社《じんじゃ》の屋根《やね》のようなものが見《み》えた。

「あれ、鈴木《すずき》さん。もう始《はじ》まってるよ」

「朝《あさ》の九時《くじ》ぐらいからやってるんだ。力士《りきし》になったばかりの、若《わか》い人《ひと》たちだよ」

「まだ体《からだ》もそんなに大《おお》きくないね」

「うん。強《つよ》い力士《りきし》は夕方《ゆうがた》ごろにならないと出《で》て来《こ》ないから、ちょっと館内《かんない》を散歩《さんぽ》しようか」

「あ、うん」

若《わか》い力士《りきし》にはちょっと申《もう》し訳《わけ》ないけど、ずっと座《すわ》って見《み》ているのも疲《つか》れるだろうし……。

館内《かんない》には、扇子《せんす》や湯飲《ゆの》み、Tシャツ、タオルなど、いろいろな物《もの》が売《う》られていた。

「鈴木《すずき》さん。残念《ざんねん》ながら、スニーカーは売《う》っていないね」

「ははは。こんなところでスニーカーは売《う》らないよ」

鈴木《すずき》さんはクッキーを一箱《ひとはこ》買《か》った。ずいぶんかわいいのを買《か》ったから、

「彼女《かのじょ》へのプレゼント?」

と聞《き》いてみた。

「うん、そうなんだ」

鈴木《すずき》さんはちょっと恥《は》ずかしそうな顔《かお》をした。

「いっしょに来《く》ればよかったのに」

「このチケットは会社《かいしゃ》からもらったものだから、彼女《かのじょ》は呼《よ》べないよ。それよりミラーさん、やきとりは好《す》き?」

「うん。居酒屋《いざかや》で時々《ときどき》食《た》べるけど……」

「じゃ、ごちそうするよ」

「えっ、ここで売《う》ってるの？」

「うん。ほら、あれ」

「ほんとうだ……」

やきとりが紙《かみ》の箱《はこ》に五本《ごほん》ほど入《はい》っている。鈴木《すずき》さんは二箱《ふたはこ》買《か》って、そのうちの一箱《ひとはこ》を僕《ぼく》にくれた。

「ありがとう」

僕《ぼく》たちはそれを持《も》って、自分《じぶん》たちの席《せき》を探《さが》した。観客《かんきゃく》の中《なか》には着《き》物《もの》を着《き》ている人《ひと》もいた。

「ここだよ」

そこには、座布団《ざぶとん》が二枚《にまい》敷《し》いてあるだけだった。いすの席《せき》じゃないのか……。

「もしかして、いすのほうがよかった？」

「いや、大丈夫《だいじょうぶ》」

僕《ぼく》たちは横《よこ》に並《なら》んであぐらをかいた。*　ああ、異文化体験《いぶんかたいけん》……。

「鈴木《すずき》さんは、よくここへ相撲《すもう》を見《み》に来《く》るの？」

「父《ちち》が相撲好《すもうず》きだから、何度《なんど》か連《つ》れて来《き》てもらったことがあるんだ。でも、数年《すうねん》に一度《いちど》ぐらいだよ。ミラーさんは、よくスポーツを見《み》に行《い》くの？」

「フットボールはよく見《み》に行《い》ったかな。あと、バスケットボールも」

「NBAは僕《ぼく》も好《す》きだよ。僕《ぼく》の彼女《かのじょ》は高校《こうこう》のとき、バスケットボールをしていたらしいんだ。……きのう、パワー電気《でんき》に打《う》ち合《あ》わせに行《い》ったとき、シュミットさんの隣《となり》に座《すわ》っていた女性《じょせい》を覚《おぼ》えてる？」

＊あぐらをかく

「ああ、うん。確《たし》か、渡辺《わたなべ》さんという方《かた》だよね」

「そう。渡辺《わたなべ》さんとは、この前《まえ》の木村《きむら》さんとワットさんの結婚式《けっこんしき》のときに知《し》り合《あ》ったんだけど、そのあと何度《なんど》かデートをして……」

「じゃ、彼女《かのじょ》というのは、渡辺《わたなべ》さんのことだったんだね」

「うん」

僕《ぼく》はよくパワー電気《でんき》のオフィスへ行《い》くから、渡辺《わたなべ》さんとも何度《なんど》か話《はな》したことがある。いつも明《あか》るくて、笑顔《えがお》がすてきな人《ひと》だ。

「大阪《おおさか》の人《ひと》だよね」

「えっ、どうして知《し》ってるの？」

「だって、ときどき大阪弁《おおさかべん》で話《はな》してるのを聞《き》いたことがあるから」

「ミラーさん、すごいね」

「いや、そんなことないよ。大阪弁《おおさかべん》は聞《き》き慣《な》れてるから……。そういえば、きのうの渡辺《わたなべ》さん、ちょっと元気《げんき》がなかったね。いつもはとても明《あか》るいのに……」

「実《じつ》はこの前《まえ》、けんかをしてしまって……」

「そうだったんだね。……おや、だいぶにぎやかになってきたよ」

「うん。これから試合《しあい》をするのは、最近人気《さいきんにんき》が出《で》てきた力士《りきし》だよ。この前《まえ》は準優勝《じゅんゆうしょう》だった。今回《こんかい》は調子《ちょうし》がよくて、まだ負《ま》けがないんだ」

「全部《ぜんぶ》で何試合《なんしあい》するの？」

「一日一《いちにちひと》試合《しあい》で十五日続《じゅうごにちつづ》けるから、全部《ぜんぶ》で十五試合《じゅうごしあい》だよ」

「それで、いちばん勝《か》ちが多《おお》い力士《りきし》が優勝《ゆうしょう》なんだね」

「そうそう。さあ、始《はじ》まるよ。きょうも勝《か》つかな」

力士同士《りきしどうし》がぶつかり合《あ》うと、ばちんっと大《おお》きな音《おと》がした。思《おも》わず僕《ぼく》も手《て》に力《ちから》が入《はい》った。

勝負《しょうぶ》はすぐに終《お》わった。一方《いっぽう》の力士《りきし》がごろんと地面《じめん》に転《ころ》がると、わっと大《おお》きな歓声《かんせい》が場内《じょうない》に響《ひび》いた。

「勝《か》ったね」

「うん」

『ただ今《いま》の決《き》まり手《て》は、上手投《うわてな》げ、上手投《うわてな》げで……』

「きまりて？」

「『決《き》まり手《て》』っていうのは、勝負《しょうぶ》を決《き》めたときの技《わざ》のことだよ。『上《うわ》手投《てな》げ』っていうのは、技《わざ》の名前《なまえ》。さっきの力士《りきし》が使《つか》った技《わざ》だよ」

「技《わざ》の数《かず》はどのくらいあるの？」

「八十以上《はちじゅういじょう》あるそうだけど、めったに使《つか》われない技《わざ》も多《おお》いよ」

さっき勝負《しょうぶ》した力士《りきし》たちはもう退場《たいじょう》して、次《つぎ》の二人《ふたり》が土俵《どひょう》に上《あ》がっていた。

「ところで、原因《げんいん》は何《なん》だったの？」

「えっ、何《なん》の原因《げんいん》？」

「けんかの……」

「ああ……。つまらないことなんだ。この前《まえ》のデートで、彼女《かのじょ》が一《いち》時間《じかん》ほど遅《おく》れて来《き》て……」

「それで、けんかになったの？」

「いや、そういうわけじゃないんだけど、そのせいで予約《よやく》していたレストランもキャンセルになってしまったし、いろいろなことが予《よ》定《てい》どおりにいかなくて、いらいらしてしまったんだ。それで……」
*いらいらする

鈴木《すずき》さんは仕事《しごと》でも、しっかり予定《よてい》を立《た》てて、そのとおりにしようとする人《ひと》だ。

「でも、大事《だいじ》なのは予定《よてい》どおりにいくことじゃないんだよね。自分《じぶん》でもわかってるんだ。彼女《かのじょ》に謝《あやま》ったほうがいいかな？」

「僕《ぼく》だったら、謝《あやま》るよ」

「そうか……。わかった。やっぱりそうしよう。……おっ、横綱《よこづな》が出《で》て来《き》たよ」

「あの力士《りきし》がいちばん強《つよ》いんだね」

「うん。これから儀式《ぎしき》が始《はじ》まるよ」

横綱《よこづな》はぱちんと手《て》を打《う》って、足《あし》を高《たか》く上《あ》げた。そして、その足《あし》がどすんと下《お》りるたびに、観客《かんきゃく》が「よいしょっ！」と声《こえ》を出《だ》した。すごい迫力《はくりょく》だ。

「あれは何《なに》をしているの？」

「悪《わる》いものが下《した》から出《で》て来《こ》ないように、足《あし》で踏《ふ》みつけているんだ」

「へえ」

ほかにも、僕《ぼく》にはわからないことばかりだった。

なぜ塩《しお》をまくのか、なぜすぐ勝負《しょうぶ》をしないのか、行司《ぎょうじ》はいったい何《なに》を言《い》っているのか……。

「あれ？　あの旗《はた》、ＩＭＣって書《か》いてあるよ」

ＩＭＣと書《か》かれた旗《はた》を持《も》った人《ひと》が、土俵《どひょう》の周《まわ》りを歩《ある》いている。

「うちの会社《かいしゃ》の広告《こうこく》だよ。この勝負《しょうぶ》で勝《か》った方《ほう》が、あの広告料《こうこくりょう》の半《はん》分《ぶん》をもらうことができるんだ」

「それはおもしろいシステムだね」

僕《ぼく》たちはやきとりを食《た》べながら、どちらの力士《りきし》が勝《か》つか予想《よそう》したりした。力士《りきし》の名前《なまえ》も知《し》らなかった僕《ぼく》のほうが、当《あ》たった回数《かいすう》が多《おお》かった。

*

その日《ひ》の夜《よる》、山田《やまだ》さんから電話《でんわ》があった。

「ミラーさん、やきとりはおいしかったですか」

「えっ、どうして知《し》っているんですか。鈴木《すずき》さんから聞《き》いたんですか」

「いいえ」

「じゃ、なぜ？」

「やきとりをおいしそうに食《た》べている姿《すがた》が、テレビに映《うつ》っていましたよ」

「ええっ！」

自分《じぶん》がテレビに映《うつ》ってしまうなんて、まったく予想《よそう》していなかったよ。

十　相撲

十一　スピーチの前《まえ》に

きのうの夜《よる》は、ほとんど寝《ね》られなかった。

きょうはスピーチコンテストだ。忙《いそが》しくて、なかなか練習《れんしゅう》する時《じ》間《かん》がつくれないまま、この日《ひ》を迎《むか》えてしまった。上手《じょうず》に話《はな》せるかどうか、ちょっと心配《しんぱい》だ。

きのう会社《かいしゃ》で鈴木《すずき》さんに、

「アメリカ人《じん》は、緊張《きんちょう》とかしないんでしょう?」

と言《い》われて、僕《ぼく》はちょっと腹《はら》が立《た》った。* アメリカ人《じん》だって、スピー

*腹《はら》が立《た》つ

チの前《まえ》は緊張《きんちょう》するよ。

会場《かいじょう》に着《つ》いてから、簡単《かんたん》なリハーサルを行《おこな》った。発表《はっぴょう》するのは、全《ぜん》員《いん》で十五人《じゅうごにん》だそうだ。

「ミラーさん、お久《ひさ》しぶりです！」

「あ、カリナさん！　すてきな着物《きもの》ですね」

「ありがとうございます。日本人《にほんじん》の友人《ゆうじん》から借《か》りたんです。晴《は》れ舞《ぶ》台《たい》*ですから」

カリナさんは紫《むらさき》と黄色《きいろ》の柄《がら》の着物《きもの》を着《き》ていた。

「とてもお似合《にあ》いですよ。いつ東京《とうきょう》へ来《き》たんですか」

「朝六時《あさろくじ》の新幹線《しんかんせん》で来《き》ました」

「それは大変《たいへん》でしたね」

*晴《は》れ舞台《ぶたい》

「ええ。でも、新幹線《しんかんせん》の中《なか》で寝《ね》ましたから」

「カリナさんは、緊張《きんちょう》しないんですか」

「はい。わたしは昔《むかし》から、あまり緊張《きんちょう》したことがないんです」

それは羨《うらや》ましい……。

「きょうはどんなテーマで話《はな》すんですか」

「わたしは日本《にほん》の美《び》について、話《はな》すつもりです」

「へえ、それは楽《たの》しみですね」

「ミラーさん、カリナさん、こんにちは」

「やあ、タワポン君《くん》。おや、その格好《かっこう》は……」

「アニメのキャラクターのコスプレ*だよ」

タワポン君《くん》は黒《くろ》いマントを着《き》て、オレンジ色《いろ》のかつらをかぶって

*コスプレ

いた。

「その格好《かっこう》でスピーチをするつもり？」

「そうだよ」

「それは本物《ほんもの》の刀《かたな》ですか」

とカリナさんが聞《き》いた。

「もちろん偽物《にせもの》に決《き》まってるよ」

「はっはっは。本物《ほんもの》だったら、警察《けいさつ》に捕《つか》まっちゃうだろうね」

「でも、この刀《かたな》も衣装《いしょう》も、けっこう高《たか》いんだよ」

「ふーん。君《きみ》はどんな話《はなし》を用意《ようい》してるの？」

「僕《ぼく》はコスプレについて、自分《じぶん》の意見《いけん》を述《の》べようと思《おも》う」

「相変《あいか》わらずですね、タワポンさんは」

とカリナさんが言《い》った。

「ああ、早《はや》くしゃべりたいなあ」

タワポン君《くん》も、きっと緊張《きんちょう》しない人《ひと》だな。

「カリナさんは、賞金《しょうきん》もらったら、どうするつもり？」

とタワポン君《くん》が聞《き》いた。

「まだもらってもいないのに、そんなこと考《かんが》えられませんよ」

「僕《ぼく》は参加《さんか》するからには、優勝《ゆうしょう》するつもりだよ」

僕《ぼく》は彼《かれ》に、

「君《きみ》は賞金《しょうきん》をもらったら、どうするつもり？」

と聞《き》いてあげた。聞《き》いてほしそうだったからね。

「僕《ぼく》はマンガを買《か》えるだけ買《か》うつもり」

「買《か》えるだけ？　だいたい何冊《なんさつ》ぐらいになるのかなあ」

「三百冊《さんびゃくさつ》ぐらいは買《か》えると思《おも》うよ」

「そんなに買《か》って、部屋《へや》に置《お》く場所《ばしょ》があるんですか。わたしはやっぱり小説《しょうせつ》のほうが好《す》きです。わたしは今《いま》、『源氏物語《げんじものがたり》』を読《よ》んでいます。ミラーさんは読《よ》んだことがありますか」

「名前《なまえ》は聞《き》いたことがあります。平安時代《へいあんじだい》に書《か》かれたものですよね」

「はい。おもしろいので、ぜひ読《よ》んでみてください。日本《にほん》には、この小説《しょうせつ》の場面《ばめん》をかいた絵《え》がたくさんあります。わたしは大学《だいがく》で、そのような絵《え》について研究《けんきゅう》しているんです」

「僕《ぼく》は読《よ》んだよ」とタワポン君《くん》が言《い》った。

「え、ほんとう？」

「うん。マンガで」

「またマンガ！」

「マンガをばかにしちゃいけないよ。マンガだって立派《りっぱ》な芸術《げいじゅつ》だよ」

カリナさんとタワポン君《くん》はにらみ合《あ》った。*この二人《ふたり》はいつもこうだ。けんかしているように見《み》えるかもしれないけど、実《じっ》は仲《なか》がいいんだよ。

「こんにちは」

そこへ、ショートカットの黒髪《くろかみ》の女性《じょせい》が僕《ぼく》にあいさつした。あれ、この人《ひと》はだれだっけ？

「電車《でんしゃ》に忘《わす》れ物《もの》をしたとき……」

「あ、あのときの！」

＊にらみ合《あ》う

「はい。イー・ジンジュと申《もう》します。ほんとうに偶然《ぐうぜん》ですね。こんな所《ところ》で再会《さいかい》するなんて……」

一度《いちど》しか会《あ》ったことがないし、髪《かみ》を短《みじか》くしたようだから、あのときの人《ひと》だとは気《き》づかなかった。

「イーさんもスピーチ大会《たいかい》に参加《さんか》するんですね」

「ええ。とても緊張《きんちょう》しています」

「そうですか。やっぱり緊張《きんちょう》しますよね」

よかった。緊張《きんちょう》しているのは僕《ぼく》だけじゃなかった。

＊

スピーチの順番《じゅんばん》は、カリナさんが二番《にばん》、タワポン君《くん》が八番《はちばん》、イーさんが十四番《じゅうよんばん》、そして僕《ぼく》が最後《さいご》の十五番《じゅうごばん》だった。

カリナさんのスピーチも、タワポン君《くん》のスピーチも、とてもよかった。

イーさんは自分《じぶん》の順番《じゅんばん》が近《ちか》づいてくると、自分《じぶん》の手《て》のひらに人差《ひとさ》し指《ゆび》で何《なに》かを書《か》いた。そして、それを飲《の》み込《こ》むしぐさ*をした。

「今《いま》、何《なに》をしたんですか」

「おまじない*です。手《て》のひらに『人《ひと》』という字《じ》を三回書《さんかいか》いて、それを飲《の》み込《こ》むんです。日本人《にほんじん》の友達《ともだち》に教《おし》えてもらいました。これをすると、緊張《きんちょう》しなくなるそうですよ。ミラーさんも試《ため》してみませんか」

「……ええ」

＊しぐさ

＊おまじない

僕《ぼく》は言《い》われたとおりに、そのおまじないをしてみた。

「どうですか」

「うーん。効果《こうか》があるのかどうか……」

「ふふふっ」

こんなことを話《はな》しているうちに、イーさんの番《ばん》になった。

イーさんは身近《みぢか》な例《れい》をいくつか挙《あ》げながら、グローバル経済《けいざい》のさまざまな問題点《もんだいてん》を述《の》べた。イーさんはアジア研究《けんきゅう》センターという所《ところ》で働《はたら》いている研究者《けんきゅうしゃ》なのだ。観客《かんきゃく》の多《おお》くはあいづちを打《う》ちながら、真《しん》剣《けん》に聞《き》いていた。スピーチが終《お》わると、会場《かいじょう》には大《おお》きな拍手《はくしゅ》が起《お》こった。イーさんはほっとした表情《ひょうじょう》で戻《もど》って来《き》た。

「すばらしいスピーチでしたよ」

と僕《ぼく》は言《い》った。

「ありがとうございます」

さて、いよいよ僕《ぼく》の番《ばん》だ。司会《しかい》の人《ひと》が僕《ぼく》の名前《なまえ》を呼《よ》んだ。

「次《つぎ》の発表者《はっぴょうしゃ》は、十五番《じゅうごばん》のマイク・ミラーさんです。タイトルは『一《いち》期一会《ごいちえ》』です」

十一　スピーチの前に

十二　結果発表《けっかはっぴょう》

「マイク・ミラーさん、ありがとうございました。……これで、すべての参加者《さんかしゃ》のスピーチが終《お》わりました」

ああ、やっと終《お》わった。急《きゅう》に気《き》が楽《らく》になった。*

あとは結果発表《けっかはっぴょう》を待《ま》つだけだ。

審査員《しんさいん》が話《はな》し合《あ》っている間《あいだ》、クイーンビーという六人組《ろくにんぐみ》の音楽《おんがく》グループが舞台《ぶたい》に現《あらわ》れて、僕《ぼく》たちを楽《たの》しませてくれた。

「ミラーさん」

＊気《き》が楽《らく》になる

クイーンビーのステージを見《み》ていたら、後《うし》ろから僕《ぼく》の肩《かた》を軽《かる》く触《さわ》る人《ひと》がいた。

「え、佐藤《さとう》さん？　どうしてここに？」

「カリナさんから聞《き》きました。三人《さんにん》がスピーチコンテストに出《で》るって」

「そうでしたか。わざわざ来《き》てくれたんですね。ありがとうございます」

「ミラーさんのスピーチ、とても感動《かんどう》しました。日本語《にほんご》の発音《はつおん》も、前《まえ》よりずいぶん上手《じょうず》になりましたね」

「そうですか。うれしいです」

佐藤《さとう》さんに褒《ほ》められると、ほんとうにうれしい。彼女《かのじょ》はお世辞《せじ》を言《い》わない人《ひと》だから。

「佐藤《さとう》さん、このあと暇《ひま》ですか」

「少《すこ》しなら時間《じかん》がありますけど……」

「このコンテストが終《お》わったあとで、わたしの家《いえ》でパーティーをする予定《よてい》なんですが、佐藤《さとう》さんもいっしょにどうですか」

「ええ、ぜひ。ミラーさんの手料理《てりょうり》が食《た》べられるんですか」

「はい。お口《くち》に合《あ》う*かどうか、わかりませんが……」

「それは楽《たの》しみ！」

佐藤《さとう》さんと話《はな》している間《あいだ》に、クイーンビーのステージが終《お》わった。

「すてきな歌《うた》と演奏《えんそう》でしたね。ダンスもかっこよかったです。クイーンビーの皆《みな》さん、ありがとうございました。……それでは、受賞者《じゅしょうしゃ》

*口《くち》に合《あ》う

が決《き》まったようなので、スピーチをしてくださった発表者《はっぴょうしゃ》の皆《みな》さん、もう一度《いちど》舞台《ぶたい》へ上《あ》がっていただけますか」

十五人《じゅうごにん》の発表者《はっぴょうしゃ》は司会者《しかいしゃ》に言《い》われたとおりに、ステージの上《うえ》で横《よこ》に並《なら》んだ。

「それでは、第三十七回《だいさんじゅうななかい》、日本語《にほんご》スピーチコンテストの受賞者《じゅしょうしゃ》の発《はっ》表《ぴょう》をいたします。まずは、準優勝《じゅんゆうしょう》の発表《はっぴょう》です。準優勝《じゅんゆうしょう》は、二番《にばん》のカリナさんです！」

わっと拍手《はくしゅ》が起《お》こった。カリナさんはとてもうれしそうだ。

「では、カリナさん、こちらへどうぞ。……おめでとうございます」

「ありがとうございます」

「とても引《ひ》き込《こ》まれる＊内容《ないよう》のスピーチでした。カリナさんは日本画《にほんが》

＊引《ひ》き込《こ》まれる

を勉強中《べんきょうちゅう》だとおっしゃいましたが、将来《しょうらい》はどんな絵《え》をかいてみたいですか」

「スピーチでも申《もう》しましたが、今《いま》わたしは日本人《にほんじん》のあはれという感《かん》情《じょう》にとても関心《かんしん》があります。ですからいつか、日本人《にほんじん》があはれと感《かん》じるような絵《え》をかいてみたいです」

「そうですか。それはすばらしい目標《もくひょう》ですね。ぜひ頑張《がんば》ってください」

「はい」

「カリナさんには、景品《けいひん》としてパワー電気《でんき》の電子辞書《でんしじしょ》をプレゼントいたします」

カリナさんはそれを受《う》け取《と》って、元《もと》の場所《ばしょ》に戻《もど》った。

「では、いよいよ、優勝《ゆうしょう》の発表《はっぴょう》です。心《こころ》の準備《じゅんび》はよろしいでしょうか」

緊張《きんちょう》で、僕《ぼく》は思《おも》わず息《いき》をのんだ。*

「発表《はっぴょう》いたします。第三十七回《だいさんじゅうななかい》、日本語《にほんご》スピーチコンテストの優勝《ゆうしょう》は……」

一瞬《いっしゅん》だけ、時間《じかん》が止《と》まったように会場《かいじょう》が静《しず》かになった。

「十五番《じゅうごばん》のマイク・ミラーさんです！」

え、まさか！

再《ふたた》び大《おお》きな拍手《はくしゅ》が起《お》こった。

「ミラーさん、こちらへどうぞ。……優勝《ゆうしょう》おめでとうございます。すばらしいスピーチでした」

*息《いき》をのむ

「ありがとうございます」

「緊張《きんちょう》なさいましたか」

「はい、とても緊張《きんちょう》いたしました」

「練習《れんしゅう》は大変《たいへん》でしたか」

「ええ。忙《いそが》しくて、なかなか練習《れんしゅう》の時間《じかん》がありませんでした」

「ミラーさんのスピーチを聞《き》いて、改《あらた》めて『一期《いちご》一会《いちえ》』ということばの意味《いみ》の深《ふか》さに気《き》づかされました」

「このことばは、『一度《いちど》しかない出会《であ》いを大切《たいせつ》にする』という意味《いみ》ですが、たとえ毎日顔《まいにちかお》を合《あ》わせるような家族《かぞく》や友人《ゆうじん》、仕事仲間《しごとなかま》であっても、その時《とき》その瞬間《しゅんかん》は二度《にど》と来《き》ません。一度《いちど》きりです」

「そういう気持《きも》ちで毎日《まいにち》を過《す》ごしたいですね。ミラーさんは、日本《にほん》へ来《き》て、すてきな出会《であ》いがありましたか」

「たくさんありました。その出会《であ》いの一《ひと》つ一《ひと》つが、今《いま》の自分《じぶん》をつくっているのだと思《おも》います。実《じつ》は、あちらにいるカリナさんやタワポンさんとは、大阪《おおさか》にいるときからの友人《ゆうじん》なんです。このコンテストで再会《さいかい》しよう、と三人《さんにん》で約束《やくそく》しました」

「それで、きょうはそのとおり再会《さいかい》できたわけですね」

「はい。大阪《おおさか》からわざわざ応援《おうえん》に来《き》てくれた同僚《どうりょう》もいます」

「すてきな仲間《なかま》ですね。ところで、賞金《しょうきん》は何《なん》にお使《つか》いになりますか」

「どこかへ旅行《りょこう》に行《い》きたいですね」

「ミラーさんが、今《いま》いちばん行《い》きたい所《ところ》はどちらでしょうか」

「わたしは動物《どうぶつ》が好《す》きで、子《こ》どものときからアフリカへ行《い》くのが夢《ゆめ》でしたから……」

「じゃ、アフリカへ行《い》かれますか」

「そうですね。アフリカの自然《しぜん》の中《なか》で、きりんや象《ぞう》を見《み》たいと思《おも》います」

「子《こ》どものころの夢《ゆめ》がかなうんですね」

「はい。うれしいです」

「では、最後《さいご》に一言《ひとこと》、何《なに》かございますか」

「応援《おうえん》してくださった皆様《みなさま》に、心《こころ》から感謝《かんしゃ》いたします。どうもありがとうございました」

＊

僕《ぼく》はラウンジのいすに座《すわ》って、窓《まど》の外《そと》を見《み》ていた。
そろそろ飛行機《ひこうき》に乗《の》る時間《じかん》だ。
行《い》き先《さき》はケニア。
いったいどんな景色《けしき》が待《ま》っているのだろう。
もちろん、カメラは持《も》って来《き》た。
いっぱい写真《しゃしん》を撮《と》るつもりだ。
僕《ぼく》は遠《とお》くの空《そら》を眺《なが》めながら、野生《やせい》の動物《どうぶつ》たちのことを想像《そうぞう》した。
勇《いさ》ましいライオン。
水《みず》の中《なか》で寝《ね》ているかば。
かっこいい角《つの》のバッファロー。

ピンク色《いろ》の美《うつく》しいフラミンゴ。

大自然《だいしぜん》の中《なか》を走《はし》るきりんの群《む》れ。

そして、象《ぞう》。

象《ぞう》？

そういえば、掃除《そうじ》ロボットの名前《なまえ》を考《かんが》えないと……。

野生《やせい》の象《ぞう》を見《み》たら、何《なに》か思《おも》いつくかな。

十二　結果発表

著者　**横山悠太**（よこやま　ゆうた）

1981年、岡山県生まれ。作家、日本語教師。
2014年、『吾輩ハ猫ニナル』（講談社）で
群像新人文学賞を受賞。
2017年、『小説ミラーさん―みんなの日本語
初級シリーズ―』（スリーエーネットワーク）、
2019年、『唐詩和訓―ひらがなで読む名詩100』
（大修館書店）を出版。

小説《しょうせつ》 ミラーさん II《ツー》 －みんなの日本語《にほんご》初級《しょきゅう》シリーズ－

2019年10月7日　初版第1刷発行
2020年1月28日　第2刷発行

著　者　横山悠太
発行者　藤嵜政子
発　行　株式会社スリーエーネットワーク
〒102-0083
東京都千代田区麹町3丁目4番トラスティ麹町ビル2F
電　話　営業　03（5275）2722
編集　03（5275）2725
https://www.3anet.co.jp/
印　刷　萩原印刷株式会社

ISBN978-4-88319-803-0 C0081

落丁・乱丁本はお取替えいたします。

本書の全部または一部を無断で複写複製（コピー）することは著作権法上での
例外を除き、禁じられています。
「みんなの日本語」は株式会社スリーエーネットワークの登録商標です。